体育训练与教学发展研究

郭 飞 ◎ 著

吉林出版集团股份有限公司

图书在版编目（CIP）数据

体育训练与教学发展研究 / 郭飞著. — 长春：吉林出版集团股份有限公司，2022.10
ISBN 978-7-5731-2483-8

Ⅰ．①体… Ⅱ．①郭… Ⅲ．①体育教学－教学研究－高等学校 Ⅳ．①G807.4

中国版本图书馆 CIP 数据核字 (2022) 第 190099 号

体育训练与教学发展研究

著　　者	郭　飞
责任编辑	白聪响
封面设计	林　吉
开　　本	787mm×1092mm　　1/16
字　　数	220 千
印　　张	10.25
版　　次	2022 年 10 月第 1 版
印　　次	2022 年 10 月第 1 次印刷

出版发行　吉林出版集团股份有限公司
电　　话　总编办：010-63109269
　　　　　　发行部：010-63109269
印　　刷　廊坊市广阳区九洲印刷厂

ISBN 978-7-5731-2483-8　　　　　　　　　　　　定价：68.00 元
版权所有　侵权必究

前言

当今，我国教育提倡素质教育，学生良好的身体素质对于开展学习等其他各项活动都是十分重要的，而体育教育和体育教学与训练息息相关。为了让学生的身心得到健康全面发展，体育教师就要在深刻了解体育教育重要意义的基础上，分析教学与训练的关系，从而科学设置体育教育课程，寻求在教学与训练平衡发展，促进学生的身心健康发展。

体育教学与体育训练虽然是不同的概念，但是二者有着千丝万缕的联系，是密不可分、相互促进的，它们统一于体育教育的全过程。体育教学是体育训练的基础保障，学生只有在掌握体育运动的基本技巧后，才能够进行有意识的体育训练，强化动作的规范性，提高动作的熟练性。不管是体育教学还是体育训练，二者是无法完全割裂的，在体育教育的全过程中，都体现着教与学的统一。体育教学是教师为主导，讲授各类体育知识和体育技巧，配以示范演练，学生则是以学会为目的，进行认真的学习。体育训练是以学生训练为主要内容，教师加以规范和指导，及时纠学生的错误动作，更好地掌握相应的体育技巧。总之，二者贯穿于体育教育的全过程，体现着教和学的协调统一。

在体育教学和体育训练过程中，都起着主导作用。二者都需要教师通过一定的动作示范，对学生进行指导性学习。同时，在教师有计划的组织下，进行有规律的训练，训练的过程也是需要教师给予必要的正确指导，不然可能造成学生达不到规定的要求。教师在整个过程中，都起着很关键的作用，教师通过不同的教学方式，通过发挥自身的感染力和营造好的学习氛围，对学生形成感召，提高学生学习的主动性及教学的质量和效果。

体育教学和体育训练的概念不同，目的、结果以及目的也不一样，但是二者却是缺一不可，只有摸清二者的差异性，才能更好地利用二者的互补特性，达到更好的教学和训练效果。体育教学和体育训练是体育教育的两种形式，但是具体而言，还是存在很大差异。体育教学主要包括体育基础理论知识，还包括体育的技能、技术，侧重通过教师的指导，使学生掌握相关的知识和技术、技能。体育教学是系统的课程，有一定的课程计划安排、教学目的，并形成一定的教学风格，遵循一定的教学原则，侧重于教会学生。而体育训练则是学生接受过系统的体育教学之后，通过大量练习使自己的技术能力得到巩固提高，侧重于巩固、提高、维持学生技能、技术。

目 录

第一章　学校体育概念 ·· 1
　第一节　体育的概念 ·· 1
　第二节　体育的组成 ·· 1
　第三节　体育的功能 ·· 2
　第四节　高等学校体育的目的和任务 ·· 5
　第五节　高等学校体育的基本途径 ·· 7
　第六节　普通高等学校体育课程目标 ·· 9

第二章　体育与健康 ·· 11
　第一节　健康与体育锻炼 ·· 11
　第二节　体质健康与体育锻炼 ·· 20
　第三节　心理健康与体育锻炼 ·· 32
　第四节　社会适应与体育锻炼 ·· 41

第三章　高校体育实践能力培养 ·· 49
　第一节　篮球运动 ·· 49
　第二节　排球 ·· 60
　第三节　形体训练 ·· 67

第四章　体育教学概述 ·· 71
　第一节　体育教学的概念和性质 ·· 71
　第二节　体育教学的特点和功能 ·· 73
　第三节　体育教学的原则和规律 ·· 80
　第四节　体育教学的结构和原理 ·· 90

第五章　高校体育教学设计改革 ……………………………………… 96

第一节　体育教学设计的基本理论 ………………………………… 96
第二节　体育教学设计的现状 …………………………………… 102
第三节　体育教学设计的改革与发展 …………………………… 106

第六章　高校体育教学训练方法路径 …………………………………… 118

第一节　力量素质和速度素质训练 ……………………………… 118
第二节　耐力素质和柔韧素质训练 ……………………………… 122
第三节　灵敏素质和协调能力训练 ……………………………… 129

第七章　大学生体育训练教学实践应用研究 …………………………… 137

第一节　足球运动在高校体育教学与训练中的作用 …………… 137
第二节　大学体育游戏在排球教学与训练中的应用 …………… 140
第三节　素质拓展训练在高校体育教学中的应用 ……………… 142
第四节　表象训练法在高校体育舞蹈教学中的应用 …………… 145
第五节　循环训练在高校体育教学中的应用 …………………… 148
第六节　分层优化教学在高校体育训练中的应用 ……………… 149
第七节　户外运动训练在高校体育教学中的应用 ……………… 152
第八节　体育游戏在高校排球教学与训练中的应用 …………… 154

参考文献 ……………………………………………………………………… 157

第一章　学校体育概念

第一节　体育的概念

所谓概念，是指对某一事物属性的一种准确判断。那么什么是"体育"呢？19世纪60年代，由西方传入的"体育"（Physical Education），其意是指同维持和发展身体的各种活动有关联的一种教育过程。近几十年来，随着人类社会的不断进步和体育实践的日益丰富，当出现体育教育、竞技运动和身体锻炼三个既有区别又相互联系的内容，并逐渐形成与教育、文化相并列的新体系之后，原指体育教育的"体育"概念已不能涵盖具有相对独立体系的"竞技运动"和"身体锻炼"。根据我国体育发展的特点和规律，可以为"体育"下这样一个定义：体育是一种特殊的社会现象，它是以发展身体、增强体质、增进健康为基本特征的教育过程和社会文化活动。它应包括体育教育、竞技运动和身体锻炼三方面的内容。体育既受一定的社会政治、经济的影响和制约，也为一定的社会政治、经济服务。同时必须指出，体育的概念并非一成不变的。随着社会的不断发展，人们对体育的认识还会进一步加深。

第二节　体育的组成

体育从产生、发展到现在，都是随着社会生产力的发展而发展的，都带有明显的时代特征，它受一定社会政治、经济的制约，也为一定社会的政治、经济服务。现代体育由学校体育、竞技体育、群众体育三部分组成。

一、学校体育

学校体育是学校教育的重要组成部分，是全民体育的基础。它是按不同教育阶段和年龄特征，通过体育课程、课余体育训练及课外体育活动这三种基本形式，围绕"增强体质"这个中心，全面实现学校体育的各项任务，使学生在德、智、体、美等方面都得到全面发展。随着社会的不断发展，现代体育教育既重视增强体质的近期效益，又注重培养学生的体育意识，讲究体育锻炼的科学性，进行终身体育教育，为学生终身体育打下良好的思想、技能和理论基础。学校体育还将为国家培养和输送竞技体育人才，以适应当代社会和青年对日益增长的精神、文化生活的需要。

二、竞技体育

　　竞技体育是为了最大限度地发挥个人或集体的运动能力去争取优异成绩而进行的运动训练和竞赛。目前有50多种运动项目用于国际比赛。由于竞技体育的表演技艺高超、竞争性强，极易吸引广大观众，因此它富有感染力，又容易传播精神力量，在活跃社会文化生活、振奋民族精神、提高国际威望、促进友谊等方面都有着重要的意义。当前，随着竞技水平的不断提高，为了参加日趋激烈的赛场竞争，普遍采用先进的科学训练方法和手段，以探索人类运动的极限。我国在竞技体育方面从一个极其落后的国家发展为亚洲体育强国，并向世界体育强国得目标迈进。

三、群众体育

　　群众体育也称大众体育或社会体育，是以健身、健美、娱乐、医疗为目的，内容丰富、形式多样化的体育活动。国内外经常提到的娱乐体育、休闲体育、养生体育等均可列入此范畴。现代社会的生产、工作和生活节奏加快，只有保持健康的身体和旺盛的精力，才能适应这种快节奏生活。同时，现代科学技术既给人类带来了舒适和方便，也带来了许多不利因素，如环境污染、生态失去平衡、缺乏运动和营养过剩等造成各种"文明病"。人们越来越认识到，只有科学地进行体育锻炼，才能保持和促进身体健康。因此，大众体育是现代社会的一种生活方式，也是提高生活质量必不可少的手段。目前我国的各种"健康城""康复中心"和"健身俱乐部"正吸引着大批体育爱好者。

第三节　体育的功能

一、体育的健身功能

　　"强身健体"是体育的本质功能。体育以身体运动为基本表现形式，通过科学组合的身体锻炼给予各器官、系统以一定量和强度的刺激，促使身体在形态结构、生理机能等方面发生一系列适应性反应和趋优变化，从而增强体质、增进健康。

（一）体育对增进健康的作用

"身体健康"是指正常的生长发育、良好的生理功能、平衡的心理、充沛的精力及承担负荷后的适宜反应。那么怎样才能促进和保持身体健康呢？早在公元前300年，古希腊伟大思想家亚里士多德"生命在于运动"的名言，就深刻寓意了运动对身体健康所起的重要作用。后来的医学关于"适者生存"、生理学关于"用进废退"的原理又证明：人的健康状态和工作效率，不仅取决于全身各器官、系统的功能和相互的协调，还有赖于使身体获得对自然和社会环境的适应能力。而这种能力的获得，除受制于不同的生活环境外，还在相当程度上与体育锻炼息息相关。实践证明，科学地从事体育锻炼，由于中枢神经和内分泌系统产生的良好刺激，对促进人体新陈代谢，改善血液循环和呼吸功能，延缓有机体适应能力的降低，推迟生物体各组织器官结构、功能发生退化性变化都有明显的效果。因此，为了促进青年人的生长发育，为了使中年人保持旺盛的精力和老年人延年益寿，凡是经济发达国家，都大力提倡"为生命而跑""为健康散步"……

早在20世纪70年代就有人提出生理—心理—社会医学的新模式，强调在健康诊断中，应包括和考虑由社会环境引起的心理活动因素，并把良好的心理调节能力和讲究精神卫生作为判断精神健康的基础。诚然，影响这种"基础"的因素很多，但体育锻炼所起的作用是至关重要的。因为通过各种体育锻炼，可以增强人的意志品质，催人奋发进取，培养集体观念，加强组织纪律性，协调人际关系，从而促进提高心理调节能力，有利于排除各种不健康的心理因素，使人体在与环境的和谐统一中变得欢乐、轻快和活泼，最终达到精神健康的目的。

（二）体育对增强体质的作用

在现实生活中，带有不健康因素的人总是属于大多数。据医学统计，世界上有50%~70%的人都有身体不健康的表现，如果再进行更精细的检查，这种表现就会更多。但为何这些不健康因素往往不被人所察觉呢？其实这正是体质对健康的弥补作用。体质作为健康的物质基础，既然意义如此重要，那么体育对增强体质的作用又如何呢？实践证明，科学的体育锻炼在改造人体器官、系统方面所起的作用，不仅有利于骨骼、肌肉的生长，促使身体形态与内脏器官正常发育，还能提高人体对外界的适应能力，改善血液循环、呼吸、消化等系统的机能状况，使人的"防卫体力"得到提高。另外，系统地进行体育锻炼对力量、耐力、灵敏、柔韧等素质的提高有十分明显的功效。这表明，当"防卫体力"和"行动体力"得到同步发展时，人体就能充分发挥潜在的运动功能，改善对环境的适应能力，最终达到增强体质的目的。

二、体育的教育功能

教育功能是体育最基本的社会功能，就其作用的广泛性而言，它对人类社会产生的影响，是体育的其他社会功能所无可比拟的。

（一）体育在学校中的教育作用

马克思主义关于教育的经典论述，从来都把体育视为学校教育不可缺少的组成部分，并始终重视它在这个特定领域里对培养全面发展的人才所起的重要作用。因此，利用身心共同参与体育过程的有利条件，培养学生将来担任社会角色所必备的素养，以适应未来社会生活和工作的需要，是体育在学校发挥教育作用的主要使命。为达此目的，学校通过完整的体育教育过程对受教育者进行政治思想、意志品质、道德情操和发展身体的教育，使他们获得基本的体育理论知识，掌握必要的运动技能，学会科学锻炼身体的方法，提高运动实践能力，养成锻炼身体的好习惯。

（二）体育在社会中的教育作用

就社会的教育意义而言，由于体育所独具的活动性、技艺性、竞争性、群聚性、国际性和礼仪性等特点，它作为一种传播体育价值观的理想载体，在激发爱国热情、振奋民族精神及培养社会公德、教育人们要与社会保持一致性等方面，具有极大的社会教育功效。大家都有这样的体会，当置身于社会群体之中，因为竞赛的礼仪形式、激烈的竞争气氛、高超的表演技巧和比赛的胜负结果等因素，在同伴与同伴之间、同伴与对手之间、观众与运动员之间产生极其复杂的感情交流，并激起人们的荣誉感、责任心、集体观念、民主意识和奋发向上的进取精神。这种通过体育实践诱发的社会教育因素，使体育的社会影响变得更加深刻，并产生不可低估的社会教育作用。比如，当我国女子排球队员在世界大赛中连续五次夺冠时，全国人民无不为她们的胜利欢欣鼓舞，国家号召"以女排精神搞四化"，不少人因此决心在坎坷与逆境中奋起。又如，在我国举办第十一届亚运会和争办 2008 年奥运会期间，几乎举国上下都以高昂的热情投身其中，人们那种为祖国荣誉做贡献的精神，不但表现了中华民族的自尊、自强和自信，而且在全国范围内树立了讲科学、求实效、快节奏、高效率等现代社会意识。

三、体育的娱乐功能

"娱乐身心"是被挖掘和利用较早的体育社会功能。在体育初具雏形的原始社会，原始人在狩猎之余用以宣泄情感而进行的游戏活动，虽缺乏明确的目标和稳定的运动方式，却已通过这种潜意识行为，反映出原始人对精神生活的需求。据《帝王世纪》记载，"击壤而歌"就是原始人在休息时群聚唱歌的一种游戏活动，《太平清话》还记载了始于黄帝时代用于调节军士枯燥生活的蹴鞠活动。体育形成初期，亦即古代开展民族、民间体育阶段，许多供娱乐消遣的身体活动项目，常在节日庆典、宗教仪式和表演技艺中出现，对调节和丰富人民的生活起着至关重要的作用。在同时代的欧洲，自进入文艺复兴时期，人文主义者和新型资产者以"提高和改善人类的生活"为宗旨，大力提倡消遣娱乐活动，并利用各种体育手段开展社交活动。

现代社会解放了劳动生产力，随着物质产品的不断丰富，闲暇时间增多，人们为享受生活，使体育的娱乐功能有了更广泛的发挥。比如，现代都市生活使人与大自然几乎隔绝，但参加户外体育活动，可以调节生活，使人享受返回大自然境界的乐趣；随着工作紧张和生活节奏的加快，体育锻炼有利于密切人际交往和享受集体聚会的乐趣；通过参与体育竞赛活动或从事一些惊险性体育项目，可以在体力向自然的挑战中，体验创造人生价值的乐趣；经常欣赏体育比赛和表演，可以从运动员的高超技艺中得到美的艺术享受。目前，我国为了丰富人民群众的业余文化生活，移风易俗，建立良好的社会风气，通过实施《全民健身计划纲要》来寻求适合我国国情的最健康、最理想的体育娱乐方式，以便让大家在和谐的氛围中获得精神快感，使工作和劳动中造成的精神紧张、脑力疲劳和紊乱的情绪得到有益调解，最终达到"净化"感情和充分享受生活乐趣的目的。

第四节　高等学校体育的目的和任务

一、高等学校体育的目的和任务

在现代教育和科学的框架上，高等学校体育应该有恰当的位置。它是属于教育学和体育学下的一个学科层次，应该充分体现体育和教育的共同属性。一方面，高等学校体育是学校教育的重要组成部分，其目的应和学校教育的总目的相一致；另一方面，高等学校体育又是体育的一个重要方面，它又应该充分体现体育的属性，即要以运动和身体练习为基本手段，提高人的潜能，增强体质，促进身心健康。所以，综合来讲，高等学校体育的目的就是以运动和身体练习为基本手段，对大学生机体进行科学的培育，在提高人的生物潜能和心理潜能及社会适应潜能的过程中，增德、益智、促美，以达到全面发展的教育总目标。

二、高等学校体育的任务

高等学校体育的目的是通过完成以下五方面的任务来具体实现的：

（一）增强学生体质，促进学生的身心健康

增强体质是高等学校体育的首要任务。体质的增强，除了意味着骨骼、肌肉、内脏各器官和系统的增强之外，更意味着大脑机能的改善。它具体反映为：中枢神经系统对机体发展、发育和人体运动的控制力，神经系统各器官机能的支配力，大脑皮层对各器官活动

的协调力等。个体生命的健康存在是保证人的全面发展的物质基础，而人的一切活动都是在大脑的指挥下实现的。人的一切正常活动都是大脑相应部位正常反应的结果，人的一切不正常活动都是大脑相应部位异常反应的结果，而人的大脑反应的病态和终止也就意味着人的个体行为的障碍和生命的结束。体质增强还包括大脑的灵活性和协调性。体育活动对大脑的锻炼有独到的作用，这一点在当今知识信息时代来临的背景下更显得尤为重要。全面增强学生体质有赖于有目的、有组织的系统运动和练习。要在学生生长发育良好的前提下，实现体姿健美；在机体结构全面发展的基础上发展学生的"自稳态"；增强免疫力，促使学生精力充沛，生命力旺盛。

（二）促使学生努力掌握体育的基本知识、基本技术和基本技能

通过"三个基本"知识的学习，教会学生科学的身体锻炼方法，培养学生终身参加体育锻炼的兴趣、能力和习惯。这是在科学的指导下，学生掌握知识和技能、养成良好习惯以及发展智力的过程。引导学生正确地从事运动和身体锻炼，必须经过一个由感知到理解，再到巩固和应用的过程。在此过程中一个重要的转折点便是智力和体力的结合，它不仅表现在运动及身体锻炼中，而且表现在它们的结果上。高等学校体育应充分体现智力和体力的结合以及理论知识和实践能力的科学结合。

（三）培养学生的道德意志品质

在体育中对学生进行共产主义道德品质教育，绝不是运动及身体锻炼与政治口号的生硬结合，而是要通过运动及身体锻炼来对学生进行知、情、意、行的教育，最终提高学生的思想品德修养。在此过程中要特别注意培养学生参与和完成运动及身体锻炼的毅力。同时，学生的行为是受他的理想、信念和情操所支配的，因此在高等学校体育教育过程中，应十分注重培养学生高尚的情操，通过发展精神品质来更有效地完成体育教育的任务。

（四）培养学生的审美和创造美的能力

体育与美，自古以来就紧紧相连。运动是力和智慧的结合，身体锻炼是意念和形体的统一。人可以用自身的"造型"来表现对客观世界的认识，并通过"造型"达到增强功能的效果。在运动及身体锻炼中，学生通过韵律体操、竞技体育、基本体操和律动来表现"造型"的艺术美。美的心灵、美的情操都是通过美的举止、美的造型来表现的。因此高等学校体育应十分注意培养学生高尚的情操，使"外在美"与"内在美"很好地结合起来。

（五）培养高水平的运动员

多出人才，出好人才，这其中当然也包括出优秀的体育人才，出世界冠军。我们应该充分发挥高校在师资、器材、设施和多学科交叉方面的优势，充分认识大学生的心理、生理特征和体力、智力优势，把部分有运动天赋和运动才能的大学生培养成为高水平的运动

员,这是时代赋予高等学校的新的使命。体育与运动早已被视为"科技水平的橱窗"。当今的世界纪录和世界冠军都是多学科成果的结晶,对运动员体力和智力水平提出了很高的要求。

第五节 高等学校体育的基本途径

　　国家为我们规定了为社会主义现代化事业培养德、智、体全面发展的建设者和接班人的培育目标。但是,高等教育和高等学校体育的目的与任务都不会自动实现,它必须通过多种多样的组织形式为其提供具体途径,并实施相应的教学计划。在我国高等学校体育教育过程中有以下几种基本组织形式。

一、体育课程

　　体育课程是我国高等学校教学计划的重要组成部分,被视为学校体育教育的中心环节,也是高等学校体育教育的最基本的组织形式。它为确保高等学校体育的目的和任务的圆满实现提供了具体途径。

　　中华人民共和国自成立以来,我国高等学校均设置了体育课程,教育部批准颁发的《学校体育工作条例》《全国普通高等院校体育课程教学指导纲要》均明确规定:"普通高等学校的一、二年级必须开设体育课程……对三年级以上的学生开设体育选修课程。"这一法规为加强高等学校体育课程建设提供了人、财、物、时间、信息等方面的重要保证,将有力地推动我国高等学校体育课程建设。

　　通过体育课程这种特殊的组织形式,逐步树立正确的体育观念,了解体育的基本知识,掌握锻炼身体的基本技术,形成较强的体育意识,增强自身的体育能力,培养自觉坚持参加身体锻炼的兴趣和习惯,接受潜移默化的良好品德教育,增强审美和创造美的能力,深刻领会体育教育与成才的内在联系;从生存、发展、享受等不同层次的需要上去理解体育给自身和国家、民族带来的好处,学以致用,勇于实践;充分理解体育课程目标与高等学校体育目标的一致性,把握参与体育课程学习的良好时机,努力完成体育课程的各项任务,自觉地使体育与运动进入自己的生活,为成才和奉献打下坚实的物质基础。

二、课余体育活动

　　高等学校的课余体育活动是体育课程的延续和补充,是学校体育教育过程中不可分割的环节,它为实现高等学校体育的目的和任务提供了又一重要途径。课外体育教学是学校体育的基本形式,其目的在于增强学生体质,培养学生自觉锻炼身体的习惯,同时可以陶冶学生情操，丰富学生文化生活，发展学生个性，对于完成本课教学任务具有潜移默化的作用。

我国各个高等学校都十分重视，根据本校的实际情况和传统特点，因人、因时、因地制宜地开展多种多样的课余体育活动，这对巩固提高体育课程教学效果、增强学生体质、提高文化学习质量、丰富校园文化生活、增强集体凝聚力等都起到了良好的促进作用。进入改革开放的新时期以来，许多高校更加重视为课余体育活动注入时代气息，在内容和形式上均有较大突破，已经收到了令人满意的实效，主要有以下几种形式：

一是早操。早操即清晨运动，是每天起床后坚持的室外活动，是大学生合理作息制度中的重要组成部分。大学生坚持做早操，不仅是锻炼意志，养成良好的卫生习惯，是促进身体健康的良好措施，也是每天从事脑力劳动的准备活动，它可以使神经兴奋，活跃生理机能，形成良好的生理状态。早操活动时间一般以 15～20 分钟为宜。形式可以集体组织与个人活动相结合，内容多以健身跑、广播操、打拳、健美操以及各种身体素质锻炼为主。

二是早操课间活动。课间活动（课间操）是文化课下课后在教室周围进行的几分钟轻微活动或两节课后休息期间进行的体育活动。目的是活动躯体，进行积极性的休息，为下一堂课的学习注入更充沛的精力。课间活动时间一般为 3～10 分钟，形式以个人活动为主，以散步、广播操等为主要内容。

三是课外体育锻炼。课外体育锻炼是大学生结束一天课程学习后，利用每天下午第七、八节课的时间，进行有目的、有计划、有组织的体育活动。搞好课外体育锻炼，可以使大学生增强体质、陶冶情操、丰富知识，达到身心完善、精神饱满的目的，它不仅是高校体育的重要方面，也是高校占领课余思想阵地，丰富校园文化生活，建设精神文明的重要手段之一。课外体育锻炼时间一般在 1 小时左右。形式以班集体、单项体育协会组织为主，也可以结合个人锻炼，还可结合小型多样的竞赛活动。各校还可以从实际出发，因人、因地、因时制宜地开展活动。

四是课余体育训练与体育竞赛。课余体育训练与体育竞赛是高校利用课余时间对部分身体素质较好并有体育专长的大学生进行系统训练的一种专门教育过程，是实现高校体育目的的重要组织形式之一，它有助于提高我国大学生的运动技术水平。参加不同层次的竞赛，还能为学校培养一支体育骨干队伍，有利于推动学校群众性体育活动的开展。因此，《学校体育工作条例》规定："学校应当在体育课教学和课外体育活动的基础上，开展多种形式的课余体育训练，提高学生的运动技术水平。"并强调："普通高等学校经国家教育委员会批准，可以开展培养优秀体育后备人才的训练。"原国家教委、国家体委（现教育部和体育总局）于 1986 年 11 月发布《关于开展课余体育训练，提高运动技术水平的规划》文件以后，开始在大学试办高水平运动队。目前全国有很多大学组办了各个项目的高水平运动队。一些中学也试办传统体育项目，同大学挂钩，形成一条龙试办高水平运动队。

五是全校性的运动会和体育节。一年一度的校田径运动会和体育文化节把各个高等学校的体育教育推到了本年度的高潮。以运动会为舞台给全校师生公平竞争的机会，在拼搏中找寻个人的成功，在竞争中增强集体的凝聚力，每一次校运会体育文化节的成功，都给学校带来了新的活力。近年来，我国大学中的一些有远见卓识的领导人，在加深了对教育和体育的本质与功能的认识之后，明智地做出决定，在自己学校的校历中，安排为期十天到半个月的体育节，全校动员，宗旨明确，内容丰富，情趣高雅，组织严密，效果良好，犹如盛大节日一般。

　　六是野外活动。野外就是指山、河、湖、海、草原、天空等自然环境，野外活动就是指在这种自然环境中开展的各种活动的总称，它是由活动环境、活动主题、活动内容构成的。野外活动的内容主要可分为陆域、水域、空域。根据活动的范围可分为：陆地运动、水上运动、冰雪运动、空中运动；按活动的性质还可细分为：竞技性活动、健身娱乐性活动、教育活动。国内外的实践和研究表明，野外活动是一项具有陶冶情操、强身健体、消除疲劳等效能，深受青少年和广大人民群众喜爱，并为其他运动所不能替代的有益活动。其活动特点决定了它对青少年的教育意义，因而已成为发达国家学校教育的内容和终身体育不可少的部分。所以也应把推广野外活动列入我国学校体育之中，使之在促进社会主义精神文明建设，培养青少年爱国主义、集体主义精神，以及在提高整个国民素质诸多方面发挥积极作用。

第六节　普通高等学校体育课程目标

　　2002年，教育部根据《中共中央国务院关于深化教育改革全面推进素质教育的决定》和国务院批准发布实行的《学校体育工作条例》精神，制定了新的《全国高等学校体育课程教学指导纲要》，对大学体育课程目标做了详细的规定。

　　总体目标：增强体质、增进身心健康和提高体育素养。总体目标将体质与健康分开叙述，阐明了学校体育"健康第一"的指导思想，增强体质依然是我国学校体育的主要目标之一，但是，真正的健康是指学生的身心协调发展，将提高体育素养作为总体目标来阐述，说明对体育的认识从过去"身体发展的教育"（physical education）转变为"以运动为基础的教育"（education based on sports）。以运动为基础促进了人们对学校体育认识的深化，拓展了体育教育的领域，它包括生物学领域、心理学领域、社会学领域。提高体育素养的内涵很丰富，它以育人为最高目标，以知识技能为主导，以培养能力为重点，讲求身心发展相协调，以终身体育为方向。体育素养既包含了身体的、心理的素质，又突出了体育作为文化的一面。体育素养作为一种体育素质或能力，应该包括认知要素、技能要素、操要素、情感要素。认知要素：具备一定的体育卫生、环境、保健、营养、养生知识，体质健康评价的常识，欣赏体育比赛的能力；技能要素：健身运动技能、运动创伤处理能力、生存自救能力；情感要素：喜欢并积极参加体育活动，积极乐观的生活态度；操作要素：形成良好的锻炼习惯，制订锻炼计划或运动处方，运动创伤处理，评价和测量体质健康状况等。从终身体育的角度看，发展大学生的体育素养应该成为体育课程教学的中心。

具体目标：《全国高等学校体育课程教学指导纲要》将大学体育课程目标划分为两个层次：基本目标与发展目标；五个领域：运动参与目标、运动技能目标、身体健康目标、心理健康目标、社会适应目标。

在层次上，大学体育课程要全面贯彻素质教育面向体现个性教育的原则，正视学生的个体差异，在目标设置上体现了科学性。《全国高等学校体育课程教学指导纲要》将大学体育课程目标划分为基本目标和发展目标两个层次。前者是根据大多数学生的基本要求确定的，反映了课程目标的强制性；后者则是针对部分学有所长又有余力的学生确定的，体现了课程目标的自由度。

在领域目标上，将体育课程目标从知识、技能、情感领域对体育课程的特点进行了扩展，使大学体育课程目标更加具体，操作性更强。具体目标如下：

运动参与目标：形成自觉锻炼的习惯与意识，具备体育文化欣赏能力，能制定个人锻炼计划或运动处方。

运动技能目标：熟练掌握两项健身运动的基本方法和技能，以及常见的运动创伤的处理方法。

身体健康目标：能测试和评价体质健康状况，掌握有效提高身体素质、发展体能的知识和方法；养成良好的行为习惯，形成健康的生活方式，具有健康的体魄。

心理健康目标：根据自己的能力设置体育学习目标，自觉通过体育活动改善心理状态，克服心理障碍，形成积极乐观的生活态度；运用适宜的方法调节自己的情绪，在运动中体验运动的乐趣和成功的感觉。

社会适应目标：表现出良好的体育道德和合作精神，正确处理竞争与合作以及体育活动中的人际关系。

第二章 体育与健康

健康是人类生活的永恒话题，现代社会的迅速发展加速了人们的生活节奏，同时也给人们的健康问题带来了新的特征。了解健康与体育锻炼的关系，掌握促进体质健康的原则与方法，合理选择适宜的体育锻炼手段来促进自身的心理健康和社会适应，是高校体育学习的重要内容。

第一节 健康与体育锻炼

"生命在于运动"，这句话很好地诠释了体育锻炼对于保持健康的重要性，人类通过体育锻炼达到强身健体、延年益寿的目的，拥有一个健康的身体是每个人的愿望。本节就将对健康的概念和标准，以及体育锻炼对健康的促进等问题进行全面的阐述。

一、健康概述

（一）健康的概念

1948年，世界卫生组织（WHO）首先提出了健康的概念，认为"健康不仅是免于疾病和衰弱，而且是保持身体、精神和社会适应方面的完善状态"。1974年WHO对健康的定义是："健康是人的肉体、精神与社会的康乐的完善状态，而不仅仅指无疾病或无体弱的状态。"1979年，世界卫生组织又在《阿拉木图宣言》中重申："健康不仅是疾病和体弱的匿迹，而且是身心健康、社会幸福的完美状态。"

近年来，世界卫生组织关于健康的概念再次将外延拓宽，即把道德修养和生殖质量也纳入健康的范畴。将道德修养作为精神健康的内涵，其内容包括：健康者不以损害他人的利益来满足自己的需要，具有辨别真与伪、善与恶、美与丑、荣与辱等是非观念，能按照社会行为规范准则来约束自己及支配自己的思想和行为。加强道德修养不仅对自身健康有益，也对社会文明、人类长寿大有裨益。生殖健康是指人在生殖过程中，生理、心理和社会关系等方面都处于良好状态，妇女可以安全地经历妊娠和分娩，出生的婴儿能存活并健康成长。生殖健康这个新概念把生殖问题从单纯的医学范畴扩展到经济、社会等更为广阔的领域。把生殖的健康与整个社会的发展、人口的增长、人的生命素质，与全人类的共同进步等重大问题都紧紧地联系在一起。

根据生物、心理、社会多种因素对体育与医学的渗透和对健康的影响，世界卫生组织精确地指出：健康乃是人在躯体上、精神上和社会上的完美状态，而不仅是没有疾病和衰弱状态。人的健康是同生物的、心理的、社会的、道德的、生殖的等五个因素联系在一起的。目前，世界各国学者公认它是一个全面的、明确的、广泛适用的科学的健康概念。

（二）健康的标志和表现

我国医学专家认为健康的表现包括四个方面：（1）身体各部分发育正常，功能健全，没有疾病。（2）体质状况好，对疾病有高度的抵抗能力，并能吃苦耐劳，担负各种艰巨繁重的任务，能经受住多种自然环境的考验。（3）精力充沛，能经常保持清醒的头脑，全神贯注，思想集中，对工作、学习都有较高的效率。（4）意志坚强，情绪正常，精神愉快。

世界卫生组织提出"五快三良好"的健康表现："五快"是针对生理健康而言的，即（1）吃得快，是指胃口好，不挑食，吃得迅速，表明消化功能正常。（2）便得快，是指上厕所时很快排通大小便，表明胃肠功能良好。（3）睡得快，是指上床即能熟睡、深睡，醒来时精神饱满、头脑清晰，表明中枢神经系统的兴奋、抑制功能协调，且内脏不受任何病理信息的干扰。（4）说得快，是指语言表达准确、清晰流利，表明思维敏锐，反应良好，心肺功能正常。（5）走得快，是指行动敏捷自如，表明运动系统功能良好。"三良好"是针对人的心理健康而言的，即，（1）良好的个性，是指性格温和，意志坚强，感情丰富，胸怀坦荡，心境达观，不为烦恼、痛苦、伤感所左右。（2）良好的处事能力，是指沉浮自如，客观观察问题，具有自我控制能力而能适应复杂的社会环境，对事物的变迁保持良好的情绪，常有知足感。（3）良好的人际关系，是指待人接物宽和，不过分计较小事，能助人为乐，与人为善。

此后，世界卫生组织总结并确定了人群健康十项标准，它们是：（1）精力充沛，能从容不迫地担负日常繁忙的工作。（2）处世乐观，态度积极，乐于承担责任，事无巨细。（3）善于休息，睡眠良好。（4）应变能力强，能适应环境的各种变化。（5）能抵抗一般的感冒和传染病。（6）体重适中，身体匀称，站立时头、肩、臀位置协调。（7）眼睛明亮，反应敏捷，眼和眼睑不发炎。（8）牙齿清洁，无龋齿，不疼痛，牙龈颜色正常，无出血现象。（9）头发有光泽，无头屑。（10）肌肉丰满，皮肤有弹性，走路轻松。

（三）亚健康状态

世界卫生组织的一项全球性调查表明，真正健康的人占5%，患有疾病的人占20%，而其余75%左右处于非健康、非疾病的中间状态。这种处在健康和患病之间的过渡状态，世界卫生组织称其为"第三状态"，国内常常称之为"亚健康"状态。具体地说，亚健康是指机体在内外环境的不良刺激下引起心理、生理发生异常变化，但尚未引起器质性损伤，医学检查所得各项生理、生化指标均无明显异常，无法做出明确诊断。亚健康状态在心理上表现为：精神不振、情绪低沉、反应迟钝、失眠多梦、白天困倦、注意力不集中、记忆力减退、烦躁、焦虑、易惊等。在生理上表现为：疲劳、乏力、活动时气短、出汗、腰酸腿疼、心悸、心律不齐等。"第三状态"处理得当，则身体可向健康转化；反之，则患病。

造成亚健康状态的原因很多，主要有以下四方面：

过度的紧张和压力：研究表明长时期的紧张和压力对健康有四害：一是引发急慢性应激直接损害心血管系统和胃肠系统，造成应激性溃疡和血压升高、心率增快、加速血管硬化进程和心血管事件发生；二是引发脑应激疲劳和认知功能下降；三是破坏生物钟，影响睡眠质量；四是免疫功能下降，导致恶性肿瘤和感染机会增加。

不良生活方式和习惯，如高盐、高脂和高热量饮食，大量吸烟和饮酒以及久坐不运动是造成亚健康的最常见原因。

环境污染的不良影响，如水源和空气污染、噪声、微波、电磁波及其他化学、物理因素污染是防不胜防的健康隐性杀手。

不良精神、心理因素刺激：这是心理亚健康和躯体亚健康的重要因子之一。那么如何判断自己是否处于亚健康状况呢？下面给出一个自测评分表，可根据得分情况自己进行判断。

（四）影响健康的因素

影响健康的因素有很多，但总结起来有以下几点。

卫生服务因素对健康的影响：卫生服务是保证人类健康极为重要的因素，是人类征服疾病、控制疾病的重要措施。一个国家、一个民族，要求得生存发展，国民必须具有健康的身体，这是一个基本条件。要保证国民的身体健康，国家和社会就需要加强卫生服务，体现在医疗政策、制度和经费保障，人力、物力、财力的投资力度。如近年来，我国人口的发病率、死亡率及人均预期寿命等多项健康指标，已经达到或接近世界发达国家水平。

1978年世界卫生组织在《阿拉木图宣言》中提出的"初级卫生保健"是实现"2000年人人享有卫生保健"战略目标的关键。初级卫生保健是最基本的卫生保健制度，它的特点是能针对本区域人群中存在的主要卫生问题，相应地提供增进健康、预防疾病、治疗伤病以及促进身心健康等方面的卫生服务。例如，开展针对性的健康教育，提供安全饮用水和基本卫生设施，改善食品供应及合理营养，开展妇幼保健和计划生育、地方病的预防和控制、常见病和外伤的妥善处理、主要传染病的免疫接种、提供基本药物等。这样，就使所有个人和家庭在能接受和能提供的范围内，享受到最基本的卫生保健。

行为和生活方式因素对健康的影响：行为和生活方式是指人们长期受一定的社会、经济、文化、民族、家庭等因素影响而形成的一系列比较固定的生活习惯、生活制度和生活意识。

良好的个人行为和生活方式有利于提高身体健康水平，降低损害健康的危险因素，包括经常自觉参加体育锻炼、平衡的膳食、保持充足适宜的睡眠，能对精神紧张和压力予以放松和处理、安全的出行习惯、不吸烟、节制饮酒、不吸毒、无不正当的性行为等。而不良的个人行为和生活方式会对人体健康产生不利的影响，比如：（1）吸烟。烟草可以说是一种慢性自杀剂，它的化学成分复杂、燃烧后可排出750种以上的刺激和毒害细胞的物质。（2）酗酒和嗜酒。长期酗酒将形成慢性酒精中毒，对人体的危害极大。长期大量嗜酒者死亡率比一般人高出1~3倍。对于学生来说酒的最大危害是损害脑细胞，导致智力下降、记忆力衰退，严重的甚至会引起酒精中毒性精神病。（3）吸毒。我国将毒品定义为"鸦片、海洛因、吗啡、大麻、可卡因以及国务院规定管制的其他能够使人形成瘾癖的麻醉药品和精神药品"。毒品对人体健康的危害主要有：①吸毒抑制食欲，使人营养不良。②吸毒可引起神经系统病变，如惊厥、震颤、麻痹、周围神经炎，使人智力减退和个性改变，还能引起颅内出血、抽搐、持续性或机械性重复动作、步态异常等。③吸毒能引起各种心律失常和缺血性改变，血管痉挛，冠状动脉痉挛导致心肌梗死。④经呼吸道滥用毒品对呼吸道有直接刺激，中毒时可发生海洛因性肺水肿，如抢救不及时可引起死亡。（4）不良的性行为。不良的性行为是传播性病的主要途径。目前国际上列为性病的病种已逾20种，我国重点防治的性病有8种，即淋病、梅毒、生殖疱疹、非淋菌性尿道炎、尖锐湿疣、软下疳、性病淋巴肉芽肿、艾滋病等。当性病患者与健康人进行性接触时，健康人体很容易被病原体侵入而感染。但有些病原体亦可通过非性接触途径传染，如被病原体污染的毛巾、内衣、便器、浴盆、注射器针头等，或通过输血、注射血制品、接收器官或组织移植而感染。此外，某些性病还可以在妊娠和分娩过程中，由母体传给胎儿或新生儿。

环境因素对健康的影响：人类环境主要是指环绕于我们周围的各种自然及社会因素的总和，是指人类赖以生存，从事生产和生活的外界条件。人类不仅生活在自然界，具有生物属性，而且是生活在人与人之间关系总和的复杂的社会中，又具有社会属性。因此，人类环境包括自然环境和社会环境两个部分。

（1）人类与自然环境：自然环境是指由地球表层的大气圈、岩石圈、水圈、生物圈所组成的相互渗透、相互制约和相互作用的庞大、独特、复杂的物质体系。

自然环境中某些化学元素含量的多少，都会影响人体的生理功能，对健康不利而形成疾病。尽管人体的生理功能具有一定的适应和调节能力，但这种调节能力是有一定限度的。如果环境中的某些化学元素含量过多或过少，超过人体生理的调节范围时，便会使人和环境之间的平衡遭到破坏，从而使机体的健康受到不同程度的影响，甚至形成地方病和流行病。例如，在环境中缺乏碘，可导致地方性甲状腺肿的发生和流行；环境中含氟量过多可引起氟骨症；饮用软水的地区，易患心脏病，饮用硬水的地区，冠心病的发生率低。所以，人类的各种疾病都与生活的环境条件有密切关系。

（2）人类与社会环境：社会环境主要是指聚落环境，它以人群聚集和活动作为环境的主要特征和标志。社会环境包括社会体制、社会经济状况和文化教育等几方面。①体制与健康。一个国家的政治局势稳定、政治制度的完备，利于人类发展体制的完善都有助于国民健康的提高，人民的健康水平需要国家政府的保障和支持。②经济与健康。经济与健康的关系是辩证统一的关系。经济的发展是人民健康水平提高的根本保证，是确保人民体质健康的物质基础。如要保证国民的身体健康，国家和社会就需要卫生投资，卫生投资的效益表现为国民健康水平提高。健康水平的提高必然带来经济效益，对社会经济发展起到积极作用。③教育与健康。教育水平的高低将直接影响人类社会发展和民族整体素质的提高。体育教育属于教育的重要组成部分，它对人类的健康发展起着积极的促进作用。学校体育教育作为终身体育的起始阶段，将为每个人一生的不断发展奠定基础。这一基础不仅仅局限于增强体质方面，而且在于健康、心理发展的各个方面，以及余暇生活质量的提高。体育教育将为人们提供获得身心可能发展的基础，它将是现代人设计和选择未来健康生活的基础。

遗传因素对健康的影响：遗传是指子与父代之间在形态结构和生理功能的相似。遗传的物质基础是细胞体中的染色体。存在于细胞核的染色体中的脱氧核糖核酸（DNA）包含着生物体的传递信息，在遗传过程中通过DNA分子复制，将遗传信息传给子代，从而得到与父代相同的一定遗传特征。这个过程要在一定的环境条件下才能发挥作用，在某些环境条件影响下可能发生变异。人的体质受着遗传因素的影响，但是遗传对体质的影响只提供了发展的可能性，而体质强弱的现实性，则有赖于后天的环境条件。通过遗传获得良好的体质，无疑将有助于形成良好的健康状况。但是如受后天较差的环境影响，其健康状况也会向不良方向发展。同时，较弱的体质状况在后天优越的环境培养下，其健康状况依然会向良好的方向发展。

二、健康管理

（一）"健康管理"理念的起源

"健康管理"是舶来的理念，西方许多国家早在二三十年前，就开始推行"健康管理"理念，以此来干预和指导人们的生活，使整个社会人群的患病率明显下降。1976年，加拿大卫生部就提出了以周期性健康检查为核心的"终身预防医学计划"，提倡依照不同年龄、性别进行定期健康检查。1984年，美国预防专家组成立，公布了定期体格检查和其他预防措施的临床预防服务方案，建议公民每年做一次体检。我国专家认为，看似健康的人也应每年或至少两年进行一次体检，应认识到定期体检的必要性，对40岁以上的人来说尤其如此。因为，随着年龄的增长，各种疾病出现的概率越来越高，体检能够早期发现一些无痛或症状不明显的疾病，如肿瘤、高血压、糖尿病、脂肪肝、高血脂等，而早期发现并及时治疗又对逆转病情、恢复健康、提高生活质量至关重要。可以说，从20世纪中后期开始，"健康体检"的服务已经被称之为"新时尚"。但这种服务的最大问题在于缺乏延续性。没病求安心，有病赶紧治，这种被动的、防守型服务模式距离预防和避免疾病的发生还有相当的距离。

随着科学的发展，人们已经可以通过合理的干预来延缓或防此各种疾病的发生。这种具有前瞻性的健康服务模式——"健康管理"一经脱颖而出，立刻引起了世人的关注，并很快风靡西方世界。资料显示，在过去20余年中，西方国家通过有效的健康管理，使90%的个人、单位的医疗开支减少到原来的10%。

（二）健康管理的含义

健康管理是指对个体或群体的健康进行全面监测、分析、评估、提供健康咨询和指导以及对健康危险因素进行干预的全过程。健康管理的宗旨是调动个体和群体及整个社会的积极性，有效地利用有限的资源来达到最大的健康效果。健康管理的具体做法就是为个体和群体（包括政府）提供有针对性的科学健康信息并创造条件采取行动来改善健康。健康管理是基于个人健康档案基础上的个性化健康事务管理服务，是建立在现代生物医学、营养学和信息化管理技术的模式上，从社会、心理、生物的角度来对每个社会成员进行全面的健康保障服务，协助人们成功有效地把握与维护自身的健康。

健康管理的基本步骤和常用服务流程：健康管理有以下三个基本步骤：第一步是了解你的健康；第二步是进行健康及疾病风险性评估；第三步是进行健康干预。健康管理的常用服务流程由五个部分组成：健康管理体检，健康评估，个人健康管理咨询，个人健康管理后续服务，专项的健康及疾病管理服务。

各级政府和所有的企事业单位要确立"健康管理"的新理念，从自身担负的职能和职责出发，加强对人民群众的健康管理。要定期向职工进行健康教育，引导职工树立自我保健意识，提高自我保健能力，定期对职工进行体检，使职工了解自己的身体状况，无病防病，有病早治；科学安排作息时间，坚持工间操，严格抵制加班、加点和熬夜；注重环境卫生，清除污染，从工作环境、工作条件上保障职工健康。健康管理加强了，单位和企业的劳动生产效率自然而然地就会提高，同时还可以大大减少单位和个人医疗费用的支出。

对我们每个人来说，"健康管理"就是要做到"健康上的自我管理"。管理是一种规范和制约，特别是管理自己，一要自觉，二要能禁得住约束，要能把自己的思想和行为纳入正确的生活准则和行为规范上来。凡符合"强身健体之道"的就积极奉行，违背的就禁止。具体来说，个人"健康管理"先要了解自己身体的基本情况，包括遗传因素、先天缺陷、营养失衡等方面的问题，然后进行针对性的防范和弥补。特别是要有计划、有步骤地纠正吸烟、酗酒、赌博、放纵、熬夜、饥饱无常等不良生活习惯。同时，我们还要加强思想修养和体育锻炼，保持积极进取，豁达开朗，热心助人的心态。这样，才能促进身体健康，健康管理的成效也才能越来越突显。

（三）健康管理的重要意义

简单地说，健康管理就是要将科学的健康生活方式传导给健康的需求者，变被动的护理健康为主动的管理健康更加有效地保护和促进人类的健康。因此，人人需要健康管理。据世界卫生组织研究报告：人类三分之一的疾病通过预防保健是可以避免的，三分之一的疾病通过早期的发现是可以得到有效控制的，三分之一的疾病通过信息的有效沟通能够提高治疗效果。因此，对健康的管理与维护应该是在疾病没有到来之前的预防。

健康管理最重要的意义在于实现了一种管理功能，使健康问题处理变得井然有序。通过健康管理，使个人对自身健康状况有了一个深刻的认识，知道了自己身体的薄弱环节和优势，可以做到扬长避短；针对本人特点，健康管理对饮食起居、生活保健、日常防护等也可以做出专业的指导。

在疾病的预防和治疗方面，健康管理也能发挥重大作用。通过定期的检查、评估和健康专业咨询，做到提前预防，及时指导就医治疗，避免拖延病情，或者得到治疗后的身体恢复与保养。这种管理具有双重意义，对于个人来说，身体状况得到了改善，节约了更多的治疗经费；对社会来说，也节省了大量的医疗资源。

健康管理作为一门学科和新兴职业悄然兴起并发展壮大。经济学家指出，健康对经济的增长有反作用。健康问题的解决，可以促进经济增长，健康问题不解决，经济就会出现负增长。

世界银行曾预测，我国肝炎的直接经济损失每年约3600亿元；艾滋病毒感染者按现行速度增长，到2010年会使2400万~3000万的人口致贫；吸烟致癌造成的经济损失约5600亿元人民币，相当于烟草税收的3.5倍；癌症的死亡数每年150万人，心血管病死亡数每年300万人，这两项死亡人数每年的经济负担就超过了几千亿人民币；糖尿病患者4000多万人；高血压患者1.5亿人；精神和心理疾病日益增多，实际患者已达1600万之多。以上患者的增加使我国医疗费用大幅度上升，制约着经济发展的速度，也使已摆脱了贫困的人口重新回到贫困。因此，中国能否实现可持续发展的关键是中国能否解决国民的健康问题，认真管理我国的健康资源，引进"健康管理"的新理念是中国可持续发展的当务之急。

三、体育锻炼与大学生的健康促进

（一）体育运动对运动系统的作用

运动系统的主要功能是使人体运动。它由骨骼、骨连接（关节）、肌肉三部分组成，在神经系统的支配下，肌肉收缩牵动骨能产生各种运动，这种运动是以骨骼为杠杆，关节为枢纽，肌肉为动力来实现的。

骨骼肌：任何身体活动都表现为肌肉的运动，所以，肌肉系统必然是受体育锻炼影响最显著的器官之一。骨骼肌在人体中分布极为广泛，全身有肌肉400~600块，成年人骨骼肌占人体体重的40%（女性35%）左右，不同年龄、性别的骨骼肌占人体体重的比例不同，四肢占全身肌肉总重的80%，其中下肢50%、上肢30%。

体育运动对骨骼肌形态结构的影响：①肌肉体积增大。大多数人认为肌肉体积增大是因为肌纤维增粗的结果，力量训练可使肌纤维最大限度地增粗，而耐力性练习如中长跑、自行车等项目对肌肉的肌纤维增粗并不明显。②肌纤维中线粒体增多，体积增大。线粒体是供能中心。③肌肉中脂肪减少。在活动不多的情况下，骨骼肌表面和肌纤维之间有脂肪堆积，影响了肌肉的收缩效率，通过体育运动，特别是耐力性项目（长跑），可以减少肌肉的脂肪，提高肌肉的收缩效率。④肌肉内结缔组织增多，使肌腱和韧带中的细胞增殖而变得结实粗大，从而抗拉断能力增高。⑤肌肉内的化学成分发生变化，如肌肉中肌糖原、肌球蛋白、水分等都会增加。物质的增多提高了肌肉的收缩能力，及时供给肌肉能量。⑥肌肉中毛细血管增多，体力运动可使肌肉毛细血管数量和形态都有所改变，提高了肌肉的工作能力。

骨骼：成年人的骨骼共有206块，但其中大约只有178块直接参与随意运动，多数骨骼是成对的，骨中有丰富的血管和神经。体育运动对骨形态结构的影响：①长期坚持体育锻炼，可使骨密质增厚、骨变粗、骨小梁排列更加整齐、有规律，使骨变得更加粗壮和坚固，在抗折、抗弯、抗压缩和抗扭转方面的性能都有了提高。体育运动的项目不同，对各部分骨骼的影响也不同。经常从事下肢活动的跑跳运动，对下肢骨骼的影响较大；而经常从事举重运动，对上肢和下肢的骨骼影响较大。②体育锻炼可以使关节面骨密质增厚，从而能承受更大的负荷；体育锻炼增强了关节周围肌肉力量，使肌腱和韧带增粗，关节面软骨增厚，加大了关节的稳固性，增加了关节的运动幅度。在体育运动停止后，骨骼所获得的变化会慢慢消失，因此，体育锻炼应经常化，项目更要多样化。

（二）体育运动对心血管系统的影响

人体细胞的生存并发挥作用，需要足够的营养物质供应；同时在细胞代谢中所产生的代谢产物（废物）能够被及时地运走并清除体外，这一切均依赖于心血管系统来完成。心血管系统是由心脏、动脉、毛细血管和静脉血管组成的密封管道。心脏是血液循环的动力，血管主要充当血液运输的管道系统，血液充当运输的载体。在心脏"泵"的推动作用下，沿着血管周而复始地运行，将细胞所需物质带来，运走代谢产物。由此可见，血液循环系统对于生命有何等重要的意义。

体育运动对心脏功能的影响：①心脏增大：一般人心脏重量约300g，运动员可达400~500g。心肌纤维增粗，其内所含蛋白质增多。心肌毛细血管口径变大，数量增多，供血量也相应加大，为适应运动，心脏出现心脏功能性增大。②心脏的容量和每搏输出量增加。一般人的心脏容量约为765~785ml，而运动员可达1015~1027ml，由于心脏肌纤维变粗，心壁增厚，收缩力增强，所以每搏动一次输出量也明显增加，一般人安静时为50~70ml，而运动员可达130~140ml，同时也提高了心脏的储备力量。例如：心脏在安静状态下，脉搏的频率较低（40次左右），一般活动时升高不多，紧张剧烈活动时则升高明显，但停止运动后又能很快地恢复到安静状态。

体育运动对血管的影响：①可以使动脉管壁的中膜增厚，弹性纤维增多，使血管的运血功能加强。②改善毛细血管在器官内的分布和数量。例如，骨骼肌的毛细血管可以增多、口径变大、行程迂曲、分支吻合丰富。故可以改善器官的血液供应，以提高和增强器官的功能。

（三）体育运动对呼吸系统的影响

增强呼吸肌力，呼吸功能提高，使肺通气量增加。运动时，由于运动肌肉对能量的需求剧增，机体对氧气的需求也相应显著增加，即需氧量与运动强度、运动时间成正比。而机体为了尽力满足肌肉运动的氧需求，会充分利用呼吸肌的潜力，使其发挥最大功能，力争吸入尽可能多的氧气，长此以往呼吸肌会得到更好的锻炼。

提高胸廓顺应性、增加呼吸肌（尤其是吸气肌）活动幅度来增大肺容量和肺通气量。

（四）体育运动对神经系统的影响

促进神经系统的发育：人类在婴儿时期进行适当的运动，有助于大脑的发育和提早学会走路。科学实验也证明，加强婴儿右手的屈伸训练，可加速大脑左半球语言区的成熟，加强左手的屈伸训练，则可加速大脑右半球语言区的成熟。科学家还发现，一个以右手劳动为主的成年人，其大脑左半球的语言机能占优势，体积占比也是左侧比右侧大。这些科学实验表明，身体锻炼对神经系统的发育和完善有着非常重要的意义。

提高神经系统的灵活性：体育运动丰富了神经细胞突触中传递神经冲动的介质，并在传递神经冲动时引起较多介质的释放，缩短神经冲动在突触延搁的时间，加快突触的传递过程，从而提高神经的灵活性。例如，100m跑的起跑时，训练有素的运动员听到发令信号时，起跑反应非常快。

改善和提高中枢神经系统的工作能力，使人头脑清醒，思维敏捷：大脑是人体的最高指挥部，人体一切活动的指令，都是由大脑发出的。大脑的重量虽只占人体的2%，但是它需要的氧气却要由心脏总流出血量的20%来供应，比肌肉工作时所需血液多15~20倍。然而，脑力劳动者长时间伏案工作，机能活动的特点是呼吸表浅，血液循环促，新陈代谢低下，腹腔器官及下肢部血液停滞。长时间进行脑力劳动使人头昏脑涨，就是由于大脑供血不足、缺氧所致。进行适量体育运动，特别是到大自然中去活动，可以改善大脑供血、供氧情况，可以促使大脑皮层兴奋性增加。抑制加深，兴奋和抑制更加集中，神经过程的均衡性和灵活性加强，对体外刺激的反应更加迅速、准确，大脑分析、综合能力加强，整个有机体的工作能力提高。

（五）体育运动对免疫机能的影响

改善免疫机能：免疫机能是体质的代表性指标。运动能够增强体质，不仅指身体运动能力的提高，更包含着免疫机能的增强，因此，人类才能抵抗与适应不断恶劣的外界环境。运动有益于健康已是人们的共识，研究者已发现经常参加体育运动可以增强抵抗力，降低心血管疾病的风险并提高生命的数量及质量。此外，研究发现运动员过度训练与频繁比赛，抵抗力会下降，更易感染疾病。因此，传统的生命在于运动就要变为生命在于科学运动。通过运动锻炼，机体遇到刺激后机体免疫功能为维持机体内环境稳定，其动员速度快，因此反应快，可使免疫调节因素得到明显改善。

提高机体对外界环境的适应能力：适应能力是指人体在适应外界环境中所表现的机体能力。它包括对外界环境的适应能力和对疾病的抵抗力。长期在各种气候和环境，如严寒酷暑、风雨霜雪或空气稀薄等条件下进行锻炼，能改善有机体体温调节的机能。

第二节 体质健康与体育锻炼

当代大学生作为祖国未来的希望，保持健康的体质非常重要，本节将对大学生体质健康的内容及自我评价，以及体育锻炼的基本原则和运动安全的相关知识做一个简单的介绍。

一、大学生体质健康的内容及自我评定

体育锻炼效果的测定与评价是一个十分重要的问题。通过测定与评价能看出锻炼的效果，能更好地激发锻炼的积极性，并为确定以后的锻炼内容和方法，提供必要的科学依据。

（一）常用形态指标

身高、体重与胸围三项指标的均衡发育程度对人体的形态影响最大，通过身体测量，可以鉴别三项指标的发育程度。分析影响身体形态的各种因素以求改善，使形态发育指标更接近理想的目标。

身高：身高是指人体站立时，支撑面至头顶点的垂直高度。通过测量身体长度，可了解骨骼的发育情况。

测量方法：受试者赤足，以立正姿势站立在身高坐高计的底板上，足跟并拢，足跟、骶骨部及两肩胛间区与支柱接触，躯干自然挺直，头部正直，但不靠立柱，两眼平视，耳屏上缘与眼眶下缘呈一水平，测试者站于受试者侧面，将水平压板轻轻沿立柱下滑，轻压受试者头顶，测试者两眼与压板平面等高，进行读数记录。身高主要反映骨骼发育状况，是评价生长发育水平的重要依据。

身高随年龄的增长而上升，身高增长的敏感期男性为13~16岁，女性为11~14岁，身高均值汉族男性18岁，女性16岁已趋稳定，根据1991年中国学生体质与健康监测资料，中国19~22岁汉族成人的身高均值为：城市男性170.56cm，乡村男性168.40cm；城市女性158.98cm，乡村女性157.38cm。

体重：体重即人体站立时的重量。通过测量体重，可了解人体横向发育指标。测量方法：测量时，男生只穿短裤，女生穿短裤、背心，并应在测量前排空大、小便，被测者赤足轻踏上秤台中央、身体保持平衡，不与其他物体接触。体重反映人体骨骼、肌肉、皮下脂肪及内脏器官重量增长的综合情况和身体的充实度。体重受年龄、性别、生活条件、体育锻炼、疾病等因素的影响。

体重和身高的比例可以辅助说明营养状况和肌肉发育程度。目前国际上通用的反映身高体重情况的指标为体重指数（BMI），计算公式为：身高（cm）/体重（kg）的平方，判断标准为BMI小于24为正常，24~28为超重，28以上为肥胖。

胸围：胸围即胸廓外面的周长。通过测量胸廓大小可以了解胸廓的肌肉发育情况。测量方法：测试者自然站立，两脚分开与肩同宽，双肩放松，两上肢自然下垂，测量者将带尺围绕胸廓一周，在背部、带尺上缘于肩胛骨下角的下方，在胸部带尺下缘放于乳头上缘，已发育成熟的女生，带尺应置于乳头上方第四肋骨与胸骨连接处，从侧面观看，带尺呈水平的圆形、测量受试者呼吸尚未开始时的胸围。胸围是显示人体的宽、厚度最有代表性的量值，是衡量人体生长发育水平的一个重要指标。

胸围均值随年龄的增长而增大，男20岁，女18岁时趋于稳定。根据1991年的资料，中国汉族19~22岁胸围均值为：城市男性86.19cm，乡村男性85.88cm；城市女性78.90cm，乡村女性79.59cm。

（二）常用生理、生化指标

常用生理检查指标：

（1）心率：心率是指每分钟心脏搏动的次数。安静时一般成人心跳约为60~80次/min。临床上安静时心率超过90次/min称心动过速，60次/min以下称心动过缓。经过较系统的体育锻炼或劳动锻炼的人，安静时心率明显减慢，有些训练水平较高的运动员可达到50次/min。

（2）血压：血压是指血液在血管内流动时对动脉血管壁产生的侧压力，也称动脉血压。心室收缩时血液大量射入血管，主动脉压力急剧升高，这时的压力称为收缩压；心室舒张时压力降低称为舒张压；收缩压与舒张压之差称脉压。血压在一定程度上反映心肌收缩力量的大小和血管弹性。血压的测量一般取坐位，以右上肢为准。测量时受试者右臂自然前伸平放在桌面上，使血压计零位与受试者心脏和右臂袖带处于同一水平面上。先将袖带捆扎于受试者上臂，肘窝暴露，将听诊器听头放在肱动脉上，开始充气加压使水银柱上升，直到听不到肱动脉搏动声，再打气升高2.6~4kPa，然后慢慢放气减压，第一次听到搏动声时的压力为最高血压（收缩压），继续放气减压到完全听不到搏动声的瞬间为最低血压（舒张压）。我国成年人安静时收缩压约为 13.3~16.0kPa，舒张压为 8.0~10.7kPa，脉压为 4.0~5.3kPa。世界卫生组织和国际高血压疾病学会（WHO/ISH）1993 年做出规定：凡舒张压超过 12kPa 或收缩压大于 18.7kPa，即视为血压高，如两次非同一时间测定的血压均较高，则可能患有高血压。

（3）呼吸：机体在新陈代谢过程中，需要不断地从外界环境中摄取氧气并呼出二氧化碳，这种机体与环境之间的气体交换过程称为呼吸。正常成人呼吸频率为 16~20 次/min，但可随活动、情绪、疾病等因素而发生改变。

（4）肺活量：肺活量是指一个人全力吸气后所呼出的最大气量。肺活量是一种常用的反映呼吸机能的指标，它和身高、体重、胸围成正相关。一般情况下，体重和胸围大的人，肺活量也大。测量肺活量时，受试者取站立姿势，然后手握住肺活量计的吹气嘴，做最大吸气后对准肺活量计的吹气嘴做最大的呼气，直到不能再呼气为止。测试者按指示器或显示器读数。每人可测量三次，每次间隔时间为 15s，选最大值记录，精确到 10 位数，误差不得超过 200ml。肺活量反映的是静态气量，与呼吸的深度有关。正常成年人肺活量，男性为 4000~4500ml，女性为 2600~3200ml。

（5）最大吸氧量：最大吸氧量（VO2MAX）是指运动中每分钟由人体呼吸系统吸入、并由循环系统运输到肌肉而被肌肉所利用的最大氧量。它是评定人体运动时有氧工作能力的重要指标。优秀的男女耐力项目运动员 VO2MAX 分别可达 6L/min 和 4L/min，男子最高值可出 7.4L/min、女子 4.3L/min。

（6）心电图：在每个心动周期中，由窦房结产生的兴奋依次传向心房和心室。这种兴奋的产生和传播时所伴随的生物电变化，通过周围组织传到全身，使身体各部位在每一个心动周期中都发生有规律的电位变化。用引导电极置于肢体或躯体的一定部位记录出来的心电变化的波形，叫作心电图。典型的心电图是由一组波形及各波之间的间期组成的。

（7）连续心电图监测：连续心电图监测是用有线或遥感心电接收器，将心电图传送到中心台，通过贮存全面记录的方式，用电脑进行自动分析。它的目的、方法与动态心电图相似，其优点在于可以随时发现心律失常的发作，立即给予处理。

（8）脑电图：脑电图是通过脑电图描记将脑自身微弱的生物电放大记录成为一种曲线图以帮助诊断疾病的一种现代辅助检查方法。它对被检查者没有任何创伤影响。

（9）肌电图：肌电图同脑电图一样，也是记录人体自身生物活动的曲线图。电极安放方法有两种：一种是表面电极，放在皮肤表面；另一种是针电极，插入肌肉内。后者较为常用。

（10）B 超检查：B 超检查简便易行，无创伤、无痛苦，运用极为广泛。除骨骼系统外，身体每个部位几乎都可使用 B 超检查。

（11）X 线检查：X 线检查包括透视、摄片、造影三种。

（12）CT（电子计算机辅助断层扫描）：主要用于颅脑、脊椎以及肺、纵隔、腹腔及盆腔器官病变的检查。CT本质上仍是X线检查，但比一般X线检查更为精准。

（13）磁共振成像术：磁共振成像术即核磁共振（MRI）。基本原理是在强大磁场的作用下，记录组织器官内氢原子的原子核运动，经计算和处理后获得检查部位的图像。MRI对人体没有损伤；MRI能获得骨髓的立体图像，不像CT那样一层一层地扫描而有可能漏掉病变部位；能诊断心脏病变，CT因扫描速度慢而难以胜任。

血液一般检查指标：检查内容包括红细胞、血红蛋白、白细胞及其分类、血小板。

（1）红细胞（RBC）

正常：男性（4.0~5.0）×10⁹/L，女性（3.5~4.5）×10⁹/L。

增高：真性红细胞增多症、严重脱水、肺源性心脏病、先天性心脏病、严重烧伤、休克等。降低：贫血、出血。

（2）血红蛋白（Hb）

正常：男性120~150g/L，女性105~135g/L。

增高与降低：大致与红细胞相同，但变化幅度不一定与红细胞平行。

（3）白细胞（WBC）

正常：（4~10）×10⁹/L。

增高：细菌感染、严重烧伤、类白血病反应、白血病。

降低：白细胞减少症、脾功能亢进、造血功能障碍、放射线、药物、化学毒素等引起的骨髓抑制、疟疾、伤寒、病毒感染、副伤寒等。

（4）血小板（BPC）

正常：（100~300）×10⁹/L。

增高：原发性血小板增多症、真性红细胞增多症、慢性白血病、骨髓纤维化、症状性血小板增多症、感染、炎症、恶性肿瘤、缺铁性贫血、外伤手术、出血、脾切除后的脾静脉血栓形成和运动后。

降低：原发性血小板减少性紫癜、播散性红斑狼疮、药物过敏性血小板减少症、弥漫性血管内凝血、血小板破坏增多、血小板生成减少、再生障碍性贫血、骨髓造血机能障碍、药物引起的骨髓抑制、脾功能亢进。

（5）血沉（ESR）

正常：男性0~15mm/h、女性0~20mm/h。

增快：急性炎症、结缔组织病、严重贫血、恶性肿瘤、结核病。

减慢：红细胞增多症、脱水。

生理性改变：女性月经期、妊娠后3个月及老人可稍增快。

（6）血清甘油三酯

正常：400~1500mg/L。

增高：动脉粥样硬化、糖尿病肥胖症等。

减少：重症肝实质病变、甲亢、阿狄森病等。

（7）血糖测定

正常：80~120mg/dL（全血）；79~105mg/dL（血浆）。

增高：糖尿病、垂体前叶及肾上腺皮质功能亢进、甲状腺功能亢进及颅内疾病，如脑溢血等。

减少：胰岛素过多，如胰岛细胞瘤、肾上腺皮质功能减退或长期的营养不良、严重肝炎等。

大便一般检查：大便常规检查包括大便的气味、颜色、性状、食物残渣以及显微镜检查。

（1）气味：粪若呈酸臭味同时混有气泡，常见于淀粉或糖类消化不良。

（2）颜色：正常为黄色至棕黄色。

（3）性状：正常为成形、柱状、质软。

（4）食物残渣：正常为肉眼不可见，出现时多见于消化不良症或肠道大部切除病人。

（5）显微镜检查（细胞）：显微镜下正常偶见少数上皮细胞或白细胞，大量红细胞见于下消化道出血，少量红细胞、大量白细胞或脓球见于细菌性痢疾，大量上皮细胞见于慢性结肠炎。

（6）寄生虫：要查见寄生虫卵，如蛔虫、钩虫、鞭虫、姜片虫及日本血吸虫卵，则可做相应的诊断检查。

尿液一般检查：尿常规检查包括尿量、颜色、气味、尿蛋白、尿糖等。

（1）尿量：成人24h正常尿量在1000~2000mL之间，平均为1500mL。

（2）颜色：正常为淡黄色，随饮水及出汗多少，色泽深浅可有不同变化。

（3）气味：新排出的尿液无特别气味，放置较久后可出现氨臭味。

（4）尿糖。

正常：定性阴性，定量<500mg/24h。

增高：见于糖尿病、脑外伤、高血压、重症脑膜炎及某些肝病，可用于临床用药及饮食控制的效果监测。

（5）尿蛋白。

正常：定性阴性，定量10~133mg/24h。

增高：见于肾小球性蛋白尿，如急慢性肾小球肾炎、肾盂肾炎、肾小管性蛋白尿。如果药物或毒物中毒和某些肾病晚期，尿蛋白反而不增多。蛋白定量的多少，不能作为疾病类型和严重程度的诊断标准，仅供参考。

二、体育健身的基本原则

通过体育锻炼达到健身的目的要遵循一定的原则，主要有以下几条。

（一）自觉性原则

体育锻炼不同于人们劳动和日常生活的一般躯体活动，更区别于动物所具有走、跑、跳、攀登等自然的本能动作。人们所从事的体育锻炼总是有一定的目的和意识的身体活动过程，因此要发挥自觉积极的主观能动性。自觉性是要求锻炼时要有明确的健身目标，树立锻炼有益于学习、工作和生活的信念，把个人的切身需要与身体锻炼的功效、民族体质、人口质量以及国家的兴旺发达相结合起来，更好地激发自己的锻炼热情。认真选择适宜的身体锻炼内容和方法，合理安排适宜的运动负荷，通过身体锻炼获得精神上的满足，感到有乐趣，心情舒畅。通过从事有趣的体育运动，表现出极大的主动性和自觉性，使身心统一。体育锻炼的效果、信心、兴趣三者是相辅相成的，应密切结合，才能做到自觉积极地从事体育锻炼。可通过定期检测锻炼效果的信息反馈，使自己经常看到锻炼的结果和进步，增强自信心，不断巩固和提高自觉锻炼的积极性。

（二）从实际出发原则

从实际出发原则是指体育锻炼的目的、内容、方法以及适宜的运动负荷。由于每个参加锻炼者的性别、年龄、职业、体育基础、身体状况、生活条件、锻炼目的等主观客观条件各不相同，在选择锻炼内容、方法和运动负荷时，要因人而异、量力而行，特别要注意选择适量的运动负荷。负荷适量指体育锻炼要有恰当的生理负荷量。锻炼效果的大小，与锻炼时生理负荷的适宜与否有着极为密切的关系。负荷量太小，机体得不到适宜的刺激，功能的变化不明显，锻炼效果也就不大。相反，机体负荷量太大，不仅不能增强体质，还会损害身体健康。决定运动负荷大小的主要因素是量和强度。量是指完成动作的次数、组数、时间、距离等；强度是指完成练习所用力量的大小和机体的紧张程度，包括动作的速度、练习的密度、练习间歇时间的长短、负重的大小、投掷的距离、跳跃的高度和长度等。量和强度要处理适当。强度越大，则量就要相应减少；强度适中，则量可以相应加大。要做到适量，以练习者承受得了并有一定的疲劳感为度。掌握适宜的运动量，一般可采用心率百分法，即采用使心率升高到本人最高心率的70%~85%的强度作为标准进行锻炼的方法。个人的最高心率直接测量比较困难，一般男女均可用220减年龄来估算每分钟的最高心率。例如某人20岁，其锻炼过程的运动强度应控制在心率为：（220~20）×（70%~85%）=140~170（次/分）。这被称之为有氧锻炼的适宜负荷量。或者用接近极限运动量的心率（一般假定每分钟200次）减去安静时的心率（这里假定每分钟60次）的70%，再加上安静心率基数60次，即运动时的心率为：（200~60）×70%+60=98+60=158（次/分）。

这是对身体影响最佳的运动强度。当然这两种计算方法也是相对的，适宜的运动负荷还要根据锻炼时和锻炼后的感觉来调整。

同时，要因地和因时制宜，根据外界环境的实际情况，如地理环境、气候条件、场地器材、环境卫生等，选择适合于自身的锻炼内容和方法。体育锻炼的一个重要目的是使人适应外界环境的变化。

（三）持之以恒原则

持之以恒原则是指体育锻炼必须持之以恒，使之成为作息制度和日常生活中不可缺少的重要内容。从生物学角度来看，人的体质的增强是一个不断积累、逐步提高的过程，不可能一劳永逸。人体机能水平的提高，各种运动素质的发展，运动技能的形成与巩固，有赖于较长时期经常地锻炼。这样，才能使有机体在解剖形态、生理机能、生化过程等方面产生一系列适应性的变化，不是一朝一夕或短期锻炼所能达到的，而是坚持长期锻炼的成效积累的结果。人体结构和机能的变化，都是通过肌肉活动的反复强化来实现的，体育锻炼是对机体给予刺激的过程，每次刺激都产生作用痕迹。连续不断的刺激作用，在机体内产生痕迹的积累，这种积累使机体的结构和机能产生新的适应性，从而使体质不断增强。如果"三天打鱼，两天晒网"，间断地进行，前一次的作用痕迹已经消失，下一次作用的积累就小，机体的适应性变化就小，锻炼效果就不明显。如果长时间停止锻炼，各器官系统的机能还会慢慢减退，使得体质逐渐下降。

（四）循序渐进原则

循序渐进原则是指体育锻炼必须根据人体身心发展规律和个人的实际情况，在锻炼的内容、方法、运动负荷等方面逐步提高，使机体功能不断得到改善和提高。循序渐进是人体适应环境的基本规律。人体对内、外环境变化的适应，是一个缓慢的由量变到质变的过程。只有遵循这个规律，才能取得良好的锻炼效果。否则，非但不能增强体质，相反，还会引起机体损伤和运动性疾病，损害身体的健康。因此，进行体育锻炼不能急于求成。坚持循序渐进原则要做到：①在锻炼内容上，根据自己的身体状况，合理选择，体质不同，锻炼起点也不同。体质较好的人，可选择比较剧烈的活动方式，如各种竞技运动项目；体质较弱的人，开始锻炼时，可选择那些比较缓和的运动，如慢跑、徒手操、武术、乒乓球等。患慢性疾病的人，可选择保健体育的一些内容，如健步走、太极拳、健身气功等。当体质逐渐变好时，锻炼内容也可逐步由缓和转变为有一定运动负荷的运动。②运动量逐步加大。机体对运动量的承受能力有个缓慢的适应过程，锻炼时运动量要由小到大，待机体适应后再逐步加大。如果运动量长期停留在一个水平上，机体的反应就会越来越小。机体机能的提高，是按照刺激—适应—再刺激—再适应的规律有节奏地上升的，运动量也应随着这种节奏来安排。病后或中断锻炼后再进行锻炼，尤其要注意循序渐进，以免发生意外。③每次锻炼过程也要循序渐进。每次锻炼要做准备活动，锻炼后要做好整理活动，如长跑前先做 5~10 分钟慢跑，跑完后也要进行适当的牵拉和放松活动。

（五）全面锻炼原则

全面锻炼原则是指体育锻炼应全面发展身体的各部位、各器官的机能，提高各种身体素质和基本活动能力，从而达到身心全面和谐的发展。人体是在大脑皮层调节下的有机统一的整体，人体各部位、各器官系统的机能，各种身体素质和基本活动能力之间是相互联系、相互制约的。身体素质是人体在运动过程中所表现出来的力量、速度、耐力、柔韧和灵敏等方面能力的综合体现，它们是通过肌肉活动表现出来的，但同时反映着内脏器官的机能、肌肉工作的供能情况，以及运动器官与内脏器官活动配合的协调状况。对于处于生长发育关键时期的青少年来说，全面发展尤为重要。由于各个运动项目对身体发展都有其独特的锻炼作用，但同时也有一定的侧重性。如长跑锻炼有益于发展心血管系统和呼吸系统的功能，加强中枢神经系统的调节。锻炼的内容，可结合自己的兴趣爱好，选择 1~2 项作为每天必练的主要项目，同时加强其他项目的锻炼，以弥补主项的不足。全面锻炼的过程中还应注意群体意识、个性特征等心理素质的发展。

三、运动安全

运动安全对于体育锻炼者来说非常重要，下面介绍几种体育活动中常见的运动安全问题，并简要介绍运动损伤的急救处理方法。

（一）肌肉酸痛

不少同学有过这样的体会，在一次活动量较大的锻炼以后，或是隔了较长时间未锻炼，刚开始锻炼之后，常常出现运动后肌肉酸痛，这种酸痛不是发生在运动中或运动后即刻，而是发生在运动结束后 1~2 天之后，因此也称为肌肉延迟性疼痛。

原因：肌肉酸痛是由于当肌肉一次活动量大时或隔了较长时间未锻炼而刚恢复锻炼时，肌肉对负重负荷及收缩放松活动未完全适应，会引起局部肌纤维及结缔组织的细微损伤，以及部分肌纤维产生痉挛所致。生理和生化的研究结果证实了酸痛时这种局部细微损伤及肌纤维痉挛的存在。由于这种肌纤维细微损伤及痉挛是局部的，因而就整块肌肉而言，仍能完成运动功能，但存在肌肉酸痛感。酸痛后，经过肌肉局部细微结构的修复，肌肉组织会变得较前强壮，以后再经历同样负荷就不易再发生损伤（酸痛）。

处理：当已经出现肌肉酸痛后，采取以下对策能使酸痛得以缓解和消除：①热敷。可对酸痛的局部肌肉进行热敷，促进血液循环及代谢过程，有助于损伤组织的修复及痉挛的缓解。②伸展练习。可对酸痛局部进行静力牵张练习，保持伸展状态 2 分钟，然后休息 1 分钟，重复进行，每天做几次这种伸展练习，有助缓解痉挛。但做时注意不可用力过猛，以免牵拉时再使肌纤维损伤。③按摩。按摩有使肌肉放松、促进肌肉血液循环的作用，有助于损伤的修复及痉挛的缓解。④口服维生素C。维生素C有促进结缔组织中胶元合成的作用，有助于加速受损伤结缔组织的修复，从而减轻和缓解酸痛。⑤针灸、电疗等手段对缓解酸痛也有一定缓解作用。

预防：预防肌肉酸痛的发生可注意如下几点：①根据不同体质、不同健康状况科学合理地安排锻炼负荷，负荷不要过大，也不宜增加过猛；②锻炼时，尽量避免长时间集中练习身体某一部位，以免局部肌肉负担过重；③准备活动中，注意对即将练习时负荷重的局部肌肉活动得更充分些，对损伤有预防作用；④整理活动除进行一般性放松练习外，还应重视进行肌肉的伸展牵拉练习，这种伸展性练习有助于预防局部肌纤维痉挛，从而避免酸痛的发生。

（二）运动中腹痛

原因：由于人体进入运动状态后，下腔静脉压力上升，血液回流受阻，致使腹部脏器功能失调，引起腹痛；有的因运动时呼吸紊乱、膈肌运动异常，引起肝脾膜张力性疼痛；也有的因运动前吃得过饱，饮水过多以及腹部受凉，引起胃肠痉挛，导致疼痛。运动性腹痛多数在中长跑运动时发生。

征象：运动性腹痛部位不固定，一般因肠痉挛、肠结核引起腹腔中部处疼痛；食后运动疼痛常发生在上腹部或中部；肝脾膜张力性疼痛，常在左右两侧上腹部。

处理：对因静脉血回流障碍和准备活动不足或呼吸紊乱引起的腹痛，可采取降低运动强度，放慢跑速，同时按摩疼痛部位，并做深呼吸等方法，疼痛常可减轻或消失。对于胃肠饱胀、肠痉挛和慢性疾患引起的腹痛，如采取上述措施后无效时，应停止运动。

预防：合理安排运动时间，饭后至少一小时后才进行活动，运动前要做好热身准备活动，运动时要循序渐进。对于患有各种慢性疾病者病愈之前需在医生和体育教师指导下进行锻炼。

（三）肌肉痉挛

肌肉痉挛俗称抽筋，是肌肉不自主地突然性强直收缩，并变得异常坚硬。

原因：在剧烈运动中，由于肌肉快速连续性收缩，导致肌肉收缩与放松的协调交替关系破坏，特别在局部肌肉处于疲劳时，更易发生肌肉痉挛。肌肉受到寒冷的刺激，或因情绪过于紧张，也可引起肌肉痉挛。

征象：肌肉痉挛时，局部肌肉产生剧烈性收缩并变得坚硬和隆起，疼痛难忍，且一时半会儿不易缓解。

处理：立即对痉挛部位的肌肉进行牵引，如腓肠肌痉挛时，伸直膝关节，并做足的背伸动作。若屈拇、屈趾肌痉挛，则用力将足趾背伸。最好有同伴协助，但切忌发力过猛。此外，可配合局部按摩、点穴（承山、涌泉、委中穴等），以加速痉挛缓解和消失。

预防：运动前做好热身准备活动，对容易发生痉挛的肌肉，可事先进行按摩；冬季锻炼时，要注意保暖；夏季进行剧烈运动时，应注意补充盐分；游泳下水前，应先用冷水淋浴，游泳时间不宜过长；疲劳和饥饿时，不要进行剧烈运动。

（四）运动性昏厥

运动中，由于脑部供血不足，氧债不断积累并达到一定程度时，即可发生一时性知觉丧失，这一现象称为运动性昏厥。

原因：由于剧烈运动或长时间运动，大量血液积聚在下肢，回心血流量减少，导致脑部供血不足而出现昏厥状态。跑后如立即停止不动亦可出现"重力休克"现象。

征象：全身无力眼前一时发黑，面色苍白，手足发凉，失去知觉而昏倒。生理检测脉搏慢而弱，并有呼吸缓慢、血压降低等征象。

处理：立即将患者平卧，足略高于头部，并进行向心方向按摩，同时指压人中、合谷等穴位。如有呕吐，应将患者头偏向一侧，以利呼吸道畅通。如停止呼吸，应立即进行人工呼吸。轻度征象者，由同伴搀扶慢走，并进行深呼吸，即可消失症状。重症患者，经临场处理后，送医院治疗。

预防：不要在饥饿情况下参加剧烈运动；疾跑后不要立即停下来；久蹲后也不要突然起立；平时要加强体育锻炼，以增强体质。

（五）中暑

原因：在高温环境中，特别在温度高、通风不良、头部又缺乏保护，被烈日直接照射的情况下进行体育锻炼，因体温调节功能障碍易发生中暑。

征象：轻度中暑，可出现面部潮红、头晕、头痛、胸闷、皮肤灼热、体温升高。严重时，将出现恶心、呕吐、脉搏快而细弱、精神失常、虚脱抽搐、血压下降，甚至昏迷。

处理：迅速将患者移至通风、阴凉处，解开衣领，冷敷额部，用温水擦身，并给予含盐清凉饮料或十滴水，数小时后即可恢复正常。严重患者，经临时处理后，应迅速转送医院治疗。

预防：在高温炎热季节锻炼时，应适当减少运动量，缩短运动时间，避免在烈日下长时间锻炼；夏天在室外锻炼时，宜穿浅色衣服，戴遮阳帽；在室内锻炼时，应有良好的通风，并注意服饮低糖含盐饮料。

（六）运动性贫血

我国成年健康男性每100毫升血液中含血红蛋白量为12.5~16克，女性为11.5~15克。若低于这一生理数值，则被视为贫血。因运动引起的这种血红蛋白量减少，称为运动性贫血。

病因：（1）由于运动时机体对蛋白质与铁的需求增加，一旦需求量得不到满足时，即可引起运动性贫血。（2）运动时，脾脏释放的溶血卵磷脂能使红细胞的脆性度增加，加上剧烈运动时血流加快，易引起红细胞破裂，从而导致运动性贫血。（3）少数学生由于偏食或爱吃零食，影响正常营养摄入，或长期慢性腹泻，影响营养吸收，运动时常出现贫血现象。

征象：运动性贫血发病缓慢，平时表现为头晕、恶心、气喘、体力下降，运动后出现心悸、心率加快、脸色苍白等。

处理：如运动中（后）出现头晕、无力、恶心等现象时，应适当减少运动量，必要时暂停运动。补充富含蛋白质和铁的食物，口服硫酸亚铁片剂和维生素C，对缺铁性贫血的治疗有明显的效果。

预防：锻炼时，要遵循循序渐进原则，并改正偏食习惯。

（七）游泳性中耳炎

原因：游泳时，当水进入外耳道后，使鼓膜泡软，可引起鼓膜破损，细菌进入中耳而形成。此外，游泳时呛水，细菌也可能从咽鼓管进入中耳而引起。

征象：表现为耳内剧烈疼痛，有时还会引起发热和头痛，也可见黄色液体从外耳道流出。

处理：停止游泳运动，用生理盐水和络活碘清洗消毒，送医院治疗。

预防：游泳时可用耳塞堵住外耳道口，防止水进入耳道内。若耳内灌水，可采用头偏向耳朵有水一侧，用同侧腿进行原地跳的方法使水震动排出，然后再用棉花擦干外耳道，切忌挖耳。患感冒、上呼吸道感染时应停止游泳。

（八）常见运动创伤的急救及处理

在体育运动中难免会出现运动创伤，一旦发生，就应迅速正确地急救与处理。急救原则是挽救生命第一，如因骨折疼痛而引起休克，应先处理危及生命的休克而后做骨折的固定。

出血：血液从破裂的血管流出，称为出血。据研究，健康成人每公斤体重平均有血液75ml，全身总血量4~5L。若一次出血达全身总血量的10%对身体没有伤害。急性大出血达总量的20%时即可出现乏力、头晕、面色苍白等一系列急性贫血症状。当出血量超过全身血量的30%时，将危及生命。因此对有出血的伤员，尤其是大动脉出血的，都必须在急救的早期立即给以止血。止血的手段方法很多，在没有药物和医疗器械的条件下，现场急救的常用方法有：①冷敷法。冷敷可降低组织温度，使血管收缩，减少局部充血，还可抑制神经的兴奋，从而达到止血、止痛、减轻局部肿胀的作用，此法适用于急性闭合性软组织损伤，受伤后立即施用，一般常用冷水或冰袋敷于损伤部位。冷敷与加压包扎和抬高伤肢同时应用，效果更佳。②抬高伤肢法。用于四肢出血，抬高伤肢，使伤处血压降低，血流量减少，达到减少出血的目的。一般常和绷带加压包扎并用，对小血管出血有效，对较大血管出血，只能作为一种辅助性止血方法。③压迫止血法。此方法可分为直接压迫伤口止血和压迫止血点止血两种。直接压迫伤口止血有两种方法：一是用绷带加压包扎伤口止血。可先在伤口上覆以无菌敷料,再用绷带稍加压力包扎起来,此法适用于小动脉、静脉和毛细血管出血。二是指压止血。用指腹或掌根直接压迫伤口,此法简便易行,但违背无菌操作原则,容易引起伤口感染。因此,不在十分紧急的情况下,不应轻易使用。压迫止血点止血。用手指指腹压在出血动脉近心端相应的骨面上,暂时止住该动脉管的血流。这种止血方法操作简便,止血迅速,是一种临时性止血的好方法。

骨折及骨折临时固定:骨的完整性遭到破坏的损伤,叫作骨折。骨折可分为闭合性骨折与开放性骨折两种。前者皮肤完整,治疗较容易;后者皮肤破裂,骨折端与外界相通,容易发生感染,治疗较难。运动中发生的骨折多为闭合性骨折,它是严重的损伤之一。骨折的诊断需借助X线检查。

如创伤当时怀疑有骨折,应用夹板、绷带把怀疑骨折的部位固定、包扎起来,使伤部不再活动,称为临时固定法。这是骨折的急救方法,其目的是为了减轻疼痛、避免再操作和便于转送。

如有休克,应先抗休克,后处理骨折;如有伤口出血,应先止血,包扎伤口,再固定骨折。临时固定的注意事项:第一,固定前不要无故移动伤肢。为了暴露伤口,可剪开衣服,不要脱,以免因不必要的移动而增加伤员的痉挛和伤情。对于大腿、小腿和脊柱骨折、应就地固定。第二,固定时不要试图整修复,如果畸形很厉害,可顺伤肢长轴方向稍加牵引。第三,夹板的长度和宽度,要与骨折的肢体相称,其长度必须超过骨折部的上、下两个关节。如果没有夹板,可就地取材(如树枝、木棍、球棒等)或把伤肢固定在伤员的躯干或健肢上。夹板与皮肤之间应垫上软物,如棉垫、纱布等。第四,固定的松紧要合适、牢靠。过松则失去固定的作用,过紧会压迫神经和血管。四肢骨折固定时,应露出指(趾)尖,以便观察血液循环情况。如发现指(趾)尖苍白、发凉、麻木、疼痛、浮肿和呈青紫色征象时,应松开夹板,重新固定。

心跳和呼吸骤停的急救:当人体受到意外严重损伤(如溺水、触电休克等),有时会出现呼吸和心跳骤然停止,这时如不及时进行抢救,伤员就会很快死亡。人工呼吸与胸外心脏按压是进行现场抢救的重要手段,它可以帮助伤员重新恢复呼吸和血液循环。人工呼吸的方法很多,其中以口对口吹气法效果较好,而且可同时进行胸外心脏按压,施行时使伤员仰卧,头部尽量后仰,把口打开并盖上一块纱布,急救者一手托起他的下颌,掌根轻压环状软骨,使软骨压迫食管,防止空气入胃;另一手捏住他的鼻孔,以免漏气。然后深吸一口气,对准他的口部吹入。吹完后松开捏鼻孔的手,让气体从伤员的肺部排出。如此反复进行,每分钟吹16~18次(儿童20~24次)。注意事项:施行人工呼吸前,应将伤员领口、裤带和胸腹部衣服松开,适当地清除其口腔内的呕吐物或杂物。吹气的压力和气量开始宜稍大些,10~20次后,可逐渐减小,维持在上胸部轻度升起即可。进行中应不怕脏,不怕累,一经开始就要连续进行,不能间断,一直做至伤员恢复呼吸或确定死亡为止。若心跳也停止,则人工呼吸应与胸外心脏按压同时进行,两人操作时,吹气与挤压频率之比为1:4。

对心跳骤然停止的伤员必须尽快地展开抢救，一般只要伤员突然昏迷，颈动脉或股动脉摸不到搏动，即可诊断为心搏骤停。这时往往伴有瞳孔散大，呼吸停止，心前区听不到心音，面如死灰等典型症状。此时应马上开始进行胸外心脏按压，以恢复伤员的血液循环。操作时，伤员仰卧，急救者以一手掌根部按住伤员胸骨下半段，另一手压在该手的手背上，肘关节伸直，借助体重和肩臂部肌肉的力量适度用力，有节奏地带有冲击性地向下压迫胸骨下段，使胸骨下段及其相连的肋软骨下陷3~4厘米，间接压迫心脏。每次压后随即很快将手放松，让胸骨恢复原位。成人每分钟挤压60~80次（儿童80~100次）。挤压胸骨可间接压迫心脏，使心脏内血液排空。放松时，胸廓由于弹性而恢复原状，此时胸膜腔内压下降，静脉血回流至心脏。反复挤压与放松胸骨，即可恢复心脏跳动。操作中，如能摸到颈动脉或股动脉搏动，上肢收缩压达60毫米汞柱以上，口唇、甲床颜色较前红润，或者呼吸逐渐恢复，瞳孔缩小，则为挤压有效的表现，应坚持操作至自主心跳出现为止。注意事项：手掌根部压迫部位必须在胸骨下段（不要压迫剑突），压迫方向应垂直对准脊柱，不能偏斜，用力不可过猛，以免发生肋骨骨折。在抢救同时，应迅速派人请医生来处理。

第三节　心理健康与体育锻炼

现代健康的目标是追求一种更积极的状态、一种更高层次的身心协调与发展。大学生作为一个特殊的群体，其心理健康的状况令人担忧，社会的急剧变革以及面临的日益严峻的就业压力，对大学生心理素质的要求越来越高。良好健康的个性心理有利于正确认识和适应复杂社会的生活现实，有利于营造健康和谐的生活，有助于发挥心理潜能，提升创造力。因此，对大学生心理健康的教育已渗透到各门学科。现代医学和体育科学的研究表明，体育锻炼是增强健康的法宝。究竟什么是心理健康？体育锻炼对心理健康的益处表现在哪些方面？本节将对这些问题进行讨论和叙述。

一、大学生心理健康概述

（一）大学生心理健康的概念

对于心理健康概念的认识许多学者持有不同的观点，较有代表性的有《简明不列颠百科全书》对心理健康的定义：心理健康是指个体心理在本身及环境条件许可的范围内所能达到的最佳功能状态，而不是指绝对的十全十美的状态。日本的松田岩男指出，心理健康是指人对内部环境具有安全感，对外部环境能以社会上认可的形式来适应，即个体遇到任何障碍和困难问题，心理都不会失调等。第三届国际心理卫生大会认为，心理健康是指在躯体上、智能上、情感上与他人的心理健康不相矛盾的范围内，将个人心境发展成最佳状态。

综合各种认识，并针对大学生这一特殊群体，笔者认为，大学生心理健康是指大学生在大学期间应对学习、就业以及处理各种现实问题时所表现出良好的社会适应性，并能充分发挥其身心的各种潜能，在具体的行为过程中所具有的一种持续的积极的内部状态。

（二）大学生心理健康的标准

大学生的年龄一般在 18~25 岁之间，从心理学的观点来看，正处于青年中期。大学生的心理具有青年中期的许多特点，但作为一个特殊群体，大学生又不能完全等同于社会上的青年。心理是否健康一般采用量表测量，其标准不是固定不变的。心理健康标准随着时代变迁、文化背景变化而发生变化。根据我国大学生的实际情况，评判大学生的心理健康水平应从以下几个标准给予着重考虑：

1. 智力正常

智力，是人的观察力、注意力、记忆力、想象力、思维力、创造力及实践活动能力等的综合，包括在经验中学习或理解的能力、获得和保持知识的能力、迅速而成功地对新情境做出反应的能力、运用推理有效地解决问题的能力等。这是大学生学习、生活与工作的基本心理条件，也是适应周围环境变化所必需的心理保证。因此，衡量大学生的智力是否正常，关键在于其是否正常地、充分地发挥了自我效能，即有强烈的求知欲，乐于学习，能够积极参与学习活动。

2. 情绪健康

其标志是情绪稳定和心情愉快。包括的内容有：愉快情绪多于负性情绪、乐观开朗、富有朝气，对生活充满希望；情绪较稳定，善于控制与调节自己的情绪，既能克制又能合理宣泄自己的情绪，情绪的表达既符合社会的要求又符合自身的需要，在不同的时间和场合有恰如其分的情绪表达；情绪反应与环境相适应，反应的强度与引起这种情境相符合。

3. 意志健全

意志是人在完成一种有目的的活动时进行的选择、决定与执行的心理过程。意志健全者在行动的自觉性、果断性、顽强性和自制力等方面都表现出较高的水平。意志健全的大学生在各种活动中都有自觉的目的性，能适时地做出决定并运用切实有准备的方式解决所遇到的问题，在困难和挫折面前，能采取合理的反应方式，能在行动中控制情绪和言而有信，而不是行动盲目、畏惧困难、顽固执拗。

4. 人格完整

人格是个体比较稳定的心理特征的总和。人格完善就是指有健全统一的人格，个人的所想、所说、所做都是协调一致的。人格完善包括人格结构的各要素完整统一，具有正确的自我意识，不产生自我同一性混乱，以积极进取的人生观作为人格的核心，并以此为中心把自己的需要、目标和行动统一起来。

5. 自我评价正确

正确的自我评价是大学生心理健康的重要条件，大学生在进行自我观察、自我认定、自我判断和自我评价时，能做到自知，恰如其分地认识自己，摆正自己的位置，既不以自己在某些方面高于别人而自傲，也不以某些方面低于别人而自卑，面对挫折与困境，能够自我悦纳，喜欢自己，接受自己，自尊、自强、自制、自爱适度，正视现实，积极进取。

6.人际关系和谐

良好而深厚的人际关系，是事业成功与生活幸福的前提。其表现为：乐于与人交往，既有广泛而深厚的人际关系，又有知心朋友；在交往中保持独立而完整的人格，有自知之明，不卑不亢；能客观评价别人和自己，善取人之长补己之短，宽以待人，乐于助人，积极的交往态度多于消极态度，交往动机端正。

7.社会适应正常

个体应与客观现实环境保持良好秩序。既要进行客观观察以取得正确认识，以有效的办法应付环境中出现的各种困难，不退缩；又要根据环境的特点和自我意识的情况努力进行协调，或改变环境适应个体需要，改造自我适应环境。

8.心理行为符合大学生的年龄特征

大学生是处于特定年龄阶段的特殊群体，大学生应具有与年龄与角色相适应的心理行为特征。大学生心理健康的标准是一种理想尺度，它不仅为人们提供了衡量心理是否健康的标准，同时也为人们指出了提高心理健康水平的努力方向。如果每个人在自己现有基础上能够做不同程度的努力，都可追求自身心理发展的更高层次，从而不断发挥自身的潜能。大学生心理健康的基本标准，使他们能够进行有效的学习和生活。如果正常的学习和生活都难以维持，就应该及时的予以调整。

（三）大学生心理健康的现状及主要特征

近年来，各种大学生心理状况的调查对大学生存在不同程度心理问题的比例有不同的报告，大学生存在心理问题的比例较低的调查为12%，高的达60%，一般在20%~35%之间。最具权威性的报告当数1994年和1999年的两个报告。1994年原国家教委对全国12.6万名大学生进行抽样调查，其结果表明大学生心理疾患率高达20.23%。在1999年10月召开的全国第六届大学生心理咨询交流会上，一些专家提供了大学生心理问题的分层次调查数据，即真正的精神疾病患者和严重的心理障碍者占大学生总人数的0.7%，一般心理障碍即有轻度心理失调的占6%~7%，一般心理问题，主要是适应问题的占10%左右，三者加起来共计17%左右。有资料表明，目前我国正常人群心理障碍的比例在20%左右。可见，随着高等教育从精英教育向大众化教育的发展，当代大学生的心理状况与同龄群体比较其差异并不明显。

根据对我国大学生心理健康状况的调查资料不难看出，我国大学生心理健康的状况有下述一些特征：

（1）大学生心理健康水平符合正态分布的规律，多数人是健康的。据湖北大学等校以心理健康的六个特征（生活态度、学习动机、自我观念、情绪状态、自控能力和人际关系等）作为尺度编制问卷所进行的测试，发现接受测查的 14 个系 672 名大学生的心理健康水平，是按"中间大，两头小"的正态规律分布的，即大多数学生的心理状况是健康的，心理不健康（包括有心理问题和轻度神经症者）的学生只占少数。

上述调查还发现，大学生心理健康水平随年级上升而提高，特别是生活态度与学习动机两项，年级越高，得分越多。只有人际关系一项在各个年级之间波动较大。这说明我国大多数学生心理的发展是健康的。

（2）大学生心理健康的主要问题是成长和发展中的矛盾。大学时期是个人成长过程中又一次面临新的心理矛盾发生、转化而趋向成熟的时期。这个时期产生的心理矛盾，有环境适应问题，有学习问题，有人际关系问题，有自我观念问题，有恋爱和性的问题，还有进一步升学和就业的问题，这些问题是每一届大学生都会面临的。

大学生从入学开始，就面临对环境的适应。他们离开了家庭，离开了中学时熟悉的老师和同学，来到了大学这个陌生的环境。新的学校生活、新的学习秩序、新的老师和同学关系都使一年级新生感到生疏而一时间难以适应，尤其是新的人际关系使他们感到难以适应。入学后的另一个难题，是原有的自我观念面临新的挑战。在中学时，他们都是各自学校的拔尖学生，受到家庭的宠爱、学校的重视和同学们的尊重。渡过了高考难关，他们的自尊心和自信心得到加强，自感是"天之骄子"而不胜自豪。然而，进大学以后，身处强手如林的班集体中，许多学生原来的优势不再存在。原来是班里的尖子，现在不是了；原来是中学的学生干部，现在也不是了，落差很大，产生了失落感。有的学生甚至感到自卑，开始同别人和集体疏远；有的学生为了博得新的成功和荣誉而重新努力、自我完善，加入了新的竞争行列。大学生又开始了自我观念重新调整的过程，这时正是需要心理辅导的时候。

上大学以后，在学习问题上又产生了新的心理矛盾：有的学生对所报考的学校或专业不满意，有的学生则不适应大学的教与学的方法，有的对自己的专业成绩感到不满意等。到了三四年级，恋爱问题、择业问题等又成为引起困惑和焦虑的问题。这些问题都影响着大学生的思想和情绪，但又都是大学生成长中正常的心理问题，不属于不正常的心理障碍或心理疾病。

（3）大学生是心理障碍的高发群体。心理障碍是所有心理与行为失常的总称，通常所说的精神疾病、心理异常和变态行为都属于心理障碍。心理障碍可分为神经症、精神病和变态人格等几种类型，这几种类型又可以细分为各种不同的心理疾病。

近几年来，国内许多大学应用《SCL~90 症状自评量表》对大学生的心理障碍进行测查，发现该量表所测的 10 项因子中，除躯体化一项外，其他各项因子皆显著高于国内成年人的常模。这些测查结果都表明，大学生是心理障碍的高发群体。有的调查甚至认为有心理障碍的大学生竟占全体学生数的 30%~40%。这些调查认为，大学生心理健康的总体水平低于同年龄青年和正常成年人。

二、大学生心理健康的内容及自我评定

（一）大学生心理健康的内容

关于大学生心理健康内容的研究范围十分广泛，涉及大学生发展的各个方面，概括起来大致有以下几个方面：

（1）思想道德与心理健康。在教学过程中通过对学生进行兴趣、动机、需要、情操、理想、人生观、价值观等动力性心理因素的学习和指导，使学生了解需要、动机与人生观价值观的关系，明确培养良好的兴趣爱好是心理发展的起点，合理调节需要，激励健康动机是心理发展的动因，而树立健康向上的人生观、价值观则是心理健康发展的根本需求。

（2）自我意识与心理健康。通过对大学生自我意识与自信心的心理知识和培养技能的学习和指导，使学生学会准确地了解自己，并树立起坚定的自信心。

（3）人格与心理健康。通过对气质、性格与人格的心理知识和塑造技能的学习和指导，使大学生学会自觉地矫正不良个性，培养健康的人格。

（4）学习与心理健康。通过对大学生进行由注意、观察、记忆、思维、想象等构成的智力心理知识和由兴趣、动机、意志构成的非智力心理知识的学习，并进行学习心理调节技能的指导，使他们迅速适应大学学习生活，并掌握学习的技能。

（5）创造与心理健康。通过创造心理的学习与指导，培养大学生的创造个性，并训练其创造性思维，使他们学会求知创造，并不断提高其创造力。

（6）人际交往与心理健康。通过进行有关待人接物、交往交友的人际关系心理知识与技能的学习与指导，使学生掌握人际交往的原则，养成乐群、合群、益群、友群等心理品质，提高交往能力，通过优化人际关系以提高生命质量。

（7）恋爱及性心理与心理健康。通过进行有关青春晚期成年早期身心变化规律及性心理、恋爱心理知识和应付技能的学习和指导，使之适应身心发展规律，学会自立、自理、自护、自爱、自强、自尊。

（8）情绪与心理健康。通过进行情绪、情感、意志等控制心理知识和调控技能的学习和指导，使学生养成自觉性、果断性、坚持性、自制性等好的心理品质，增强学生对自我的控制调节和约束能力。

（9）挫折与心理健康。通过学习挫折心理，了解挫折及其情绪反应，锤炼优良的意志品质，培养挫折承受力，并预防大学生自杀。

二、不同运动项目对大学生心理健康的促进策略

(一)体育对心理健康的影响

从已有的研究成果来看,体育对心理健康的积极影响主要表现为以下几个方面:

1. 体育运动能促进认识能力的发展

体育运动各项目都有一个共同的特点,即在运动或高速运动中要求运动者既要能对外界物体(如球、器械等)做出迅速准确地感知与判断,又能迅速感知、协调自己的身体以保证动作的完成。这样长期的运动便能促进人感觉、知觉能力的发展,提高人的反应速度和直觉判断能力,使人变得敏锐、灵活。

2. 提高唤醒水平

唤醒是指身体的激活水平,对唤醒水平的愿望随任务的要求、环境和个性的不同而不同。例如一个性格外向的人,在舒适的环境中从事一项令人厌倦的工作时他最需要提高唤醒水平。一般认为,体育锻炼能提高人的唤醒水平是由各种感觉信息的输入所造成的。体育活动只有达到一定的运动量才能导致唤醒水平的提高,才能维持对消极情绪的长期控制。相反,在一个舒适愉快的情景中,慢跑只能产生放松效果,不能提高唤醒水平。体育活动对于精神不振、心境较差的人具有显著的治疗和调节作用,可以使其摆脱烦恼,振奋精神。

3. 降低应激反应

应激是指个体对应激源或刺激所做出的反应。目前的研究认为,应激反应是一种包含应激源、个体对应激源的评价以及个体的典型反应等因素作用的过程,应激有积极应激和消极应激之分。在生活和工作中,人需要一定程度的应激,这有助于提高生活的质量和工作的效率,但过分的应激反应对健康有害无利。

通过体育锻炼可以降低应激反应是因为肾上腺素受体的数目或敏感性,降低心率和血压而减轻特定的应激源对生理的影响。科巴沙(Kobasa)1985年指出,因为体育活动可以锻炼人的意志,增加人的心理坚韧性,体育活动具有减轻应激反应以及降低紧张情绪的作用。

经常参加体育活动的人更少产生生理上的应激反应,如果有应激反应,也能尽快地从中恢复过来,尤其是从事有氧运动如跑步、轻快的走路、游泳、自行车、舞蹈、跳绳等对人的意志品质影响甚大。

4. 消除疲劳

在从事体育活动时保持良好的情绪状态,中等强度的活动量就能减少疲劳。有研究表明,体育活动能提高最大吸氧量和最大肌肉力量等生理功能,减少疲劳。因此,体育活动对治疗神经衰弱具有特别显著的效果。

5. 增加社会联系

随着我国城镇化建设的进程不断加快,许多生活在城市的人越来越缺乏适当的社会联系机会。体育活动是一种很好的增加人与人之间相互接触的形式。通过与他人的接触,可以使个体忘却烦恼和痛苦,消除孤独感,集体性体育活动能够增加社会满足感。研究证明,体育活动对于治疗孤独症和人际关系障碍有显著的作用。

6. 治疗心理疾病

根据基恩(Kyan)1983年的调查,1750名心理医生中,80%的人认为体育锻炼是治疗抑郁症的有效手段之一,60%的人认为应将体育活动作为一个治疗手段来消除焦虑症。临床研究表明,通过参加一些如慢跑、散步、徒手操等身体练习能有效地减轻焦虑和抑郁症状,增强自信。除此之外,有关体育锻炼的心理治疗效应还反映在对精神分裂症、酒精和滥用药物、体表体型症状的研究等方面。

对于一个健康人来说,进行长期体育锻炼就会有促进心理健康的效益,对于一个患有心理疾病的人来说,这种效益就会更加明显。有一项研究表明进行8周的体育锻炼后,精神病患者的抑郁状况得到了明显改善。另有研究表明,进行有氧练习的学生,其心境状况改善程度比控制组大,特别是那些练习前存在情绪问题的学生其心境状态改善的程度最为明显。人们参加某个项目运动并坚持锻炼,他的生理技能、身体素质将会得到好的改善,也会相应掌握并发展一些运动的技能和技巧。由此,个体会以自我锻炼反馈的方式传递其成就信息与大脑,从而获得自我成就的认知和情感体验,产生愉快、振奋和幸福感。因此,适宜的体育锻炼能使有心理障碍的个体获得心理满足,产生积极的成就感,从而增强自信心,摆脱压抑、悲观等消极情绪,并消除心理障碍。

就目前而言,这些心理疾病的病因以及体育锻炼有助于治疗心理疾病的基本机制尚未完全清楚,但体育锻炼作为一种心理治疗手段在国外已逐渐开始流行起来。在学生中,通过体育锻炼可以减缓或消除由于学习和其他方面的挫折而引起的焦虑和抑郁等症状,为不良情绪的宣泄提供一种合理有效的手段,防止心理障碍或疾病的发生。

7. 提高自信,完善自我

在体育锻炼和竞赛中,特别是参加个人擅长的运动项目,能在身体完成各种复杂动作的过程中,在与同伴默契配合中,在与对手斗智斗勇的拼搏中,在取得胜利的喜悦中,获得自我满足,提高自信心。并在训练和比赛中不断得到自我完善。

8. 调节情绪,陶冶情操

体育运动对心理健康影响的主要标志之一就是情绪状态,情绪是人的自然需要是否得到满足而产生的一种体验。情绪几乎参与人的所有活动,对人的行为活动起着巨大的调节作用。而体育活动能直接给人带来愉快和喜悦,并能降低紧张和不安,从而调控人的情绪,改善心理健康。伯格(Berger.1993)研究认为,有规律地从事中等强度(最大心率的60%~75%)活动的锻炼者,每次活动20~30分钟,有利于情绪的改善。有些研究人员发现,用力运动可减少情绪上的负担,甚至能减轻因精神压力的偶发事件而造成的心理负担。通过运动行为的替代作用，减轻或消除情绪障碍。在当今一些比较发达的城市，人们处在快节奏、高效率，强竞争的环境下，心理上会产生一定程度的紧张、焦虑和不安。通过体育运动可以使不良的情绪状态得到改善，心理承受能力得到提高。大学生在从事繁重的学习后，参加轻松活泼的体育活动，如练习韵律体操和舞蹈，在优美的音乐旋律中进行活动，欢快的情绪油然而生，并在思想情操上得到陶冶，使人的精神为之振奋。

总之，体育锻炼能有效地促进智力的发展、调节情绪、培养良好的意志品质、增强自我概念、改善人际关系，增进心理健康，使个体发挥出最优的心理效能。

（二）影响体育锻炼产生良好心理效应的因素

影响体育锻炼产生良好心理效应的因素很多，主要有：是否喜爱体育锻炼并能从中获得乐趣；运动的方式、运动项目及运动量是否适宜；体育锻炼是否长久坚持。

1. 喜爱体育锻炼并从中获得乐趣

这是体育锻炼产生良好心理效益的基础。如果对体育锻炼没兴趣就很难从中获得乐趣，就不可能产生满足感和良好的情绪体验。因此，努力学习体育锻炼的有关知识，正确认识与理解体育锻炼的价值与作用，加强课内体育教学与课外体育活动的衔接，培养广泛的体育兴趣对提高体育锻炼的良好心理效应具有重要意义。

2. 体育锻炼的运动方式

按人体在运动中的能量代谢方式，可将所有运动分为有氧运动、无氧运动和混合运动。研究表明，体育锻炼时以有氧活动为主，采用有重复性与有节律的身体活动（如慢跑、游泳、骑自行车、跳绳、健美操等），可以取得更好的愉悦身心的效果。

3. 运动项目

不同的运动项目或不同的运动形式所获得的心理效应是不同的。尽量避免那些激烈竞争项目，可多选择一些以个人进行的项目，这样无论是运动时间、空间、动作节奏等更易于个人控制，锻炼者可更随意、更自由地进行，更容易获得良好的情绪体验。

4. 运动强度及时间

要想获得较好的健身效果，运动强度应以中等强度最佳，即心率控制在最高心率（最高心率 =220 — 年龄）的 60%~80%，运动强度过强易产生紧张感和疲劳感，一次锻炼的持续时间应至少 20~30 分钟；而每次少于 20 分钟的运动，很可能心理效应尚未出现，身体活动就停止了；而时间过长又可能造成厌倦、疲劳，引起不良情绪。

5. 体育锻炼应持之以恒

有研究报道，身体练习的系统性越强，体育锻炼所产生的良好心理效应就越明显。这表明只有长期坚持体育锻炼，养成习惯，才可获得良好的健身效果。

（三）不同运动项目对心理健康促进的价值

对于个体来说，参加体育锻炼能否取得良好的心理效应关键在于其是否能从活动中获得乐趣并感到愉悦。运动愉悦感是一种积极的情绪体验，如果活动参与者不能从体育锻炼中体验愉悦，个体就很难持久地坚持下去，体育锻炼就很难产生积极的心理效应。研究表明，体育锻炼中体验到的愉快感具有直接的心理健康效应。对于那些长期参加体育锻炼的锻炼者来说，愉悦感是他们能够坚持下来的主要原因。

（1）选择足球、篮球、排球以及接力跑、拔河等集体项目可以帮助孤独、怪僻，不大合群，不习惯与同伴交往的人逐步适应与同伴的交往，并热爱集体。

（2）参加游泳、溜冰、滑雪、拳击、摔跤、单双杠、跳马、平衡木等项目，要求腼腆、胆怯，容易脸红，怕难为情的人不断地克服害怕、摔倒、跌痛等各种胆怯心理，以勇敢、无畏的精神去战胜一切困难。

（3）参加乒乓球、网球、羽毛球、拳击、摩托、跨栏、跳高、跳远、击剑等体育活动，在这些项目面前，优柔寡断、犹豫不决的人，任何犹豫、徘徊都将延误良机，遭到失败。

（4）参加下棋、打太极拳、慢跑、长距离的步行及游泳和骑自行车、射击等缓慢、持久的项目，能帮助遇事易急躁、感情易冲动的人调节神经活动、增强自我控制能力。

（5）参加公开的激烈的体育比赛，特别是足球、篮球、排球等项目，可以使遇事过分紧张，容易发挥失常（如考试）的人在形势多变、紧张激烈的赛场上会变得沉着冷静。"久经沙场"，遇事就不会过分的紧张。

（6）选择一些难度较大、动作较复杂的技巧性活动，如跳水、体操、马拉松、艺术体操等体育项目，也可找一些实力超过自己的对手下棋、打乒乓球或羽毛球等，不断提醒自负、逞强的人"山外有山"。

（四）常见心理问题的体育疗法

1. 急躁，易怒的体育疗法

倘若你遇事容易急躁，感情容易冲动，可参加下棋、慢跑、长距离步行及游泳等缓慢、持久的项目。这些体育活动能帮助调节神经活动，增强自我控制的能力，稳定情绪，使容易急躁、冲动的弱点得到改善。

2. 遇事紧张的体育疗法

遇到重要事情容易紧张、失常的学生，可参加公开的、激烈的体育竞赛，如篮球或竞技性强的游戏。因为场上形势多变，比赛紧张激烈，只有冷静沉着地应对，才能取得优势。若能经常在这种场合中接受考验，久经沙场，那么遇事就不会过分紧张，更不会惊慌失措，从而给学习工作带来益处。

3. 孤独、怪僻的体育疗法

如果你感觉到自己不合群，不习惯与同伴交往，就应选择篮球、接力跑、拔河等集体项目。坚持参加这些集体项目的锻炼，会帮助自己慢慢地改变孤僻的习性，逐步适应与同伴的交往，并热爱集体。

4. 腼腆，胆怯的体育疗法

有的学生胆子小，做事怕风险，容易脸红，易难为情，那么就应该多参加溜冰、单杠、越过各种障碍物等项目活动。这些运动要求人们不断地克服害怕摔倒、跌疼等各种胆怯心理，以勇敢无畏的精神去战胜困难，越过障碍。

5. 自负，逞强的体育疗法

如果你发现自己有好强，自负的特征，就应该选择一些难度较大、动作较复杂的活动，像长跑、技巧等体育项目。喜欢下棋、打球的话，就尽量找一些实力水平超过自己的对手进行比赛，来不断地提醒自己："山外有山"，万万不能自负、骄傲。

体育锻炼作为心理纠正的治疗方法，还要注意有一定的强度、质量和时间要求。每次锻炼时间在30分钟左右，运动量从小到大，循序渐进，同时还要防止发生意外事故。

第四节　社会适应与体育锻炼

世界卫生组织在其宪章中提出："健康不仅仅是没有疾病或是不虚弱，而是身体的、精神的健康和社会适应良好的总称。"因此，社会适应能力成为衡量大学生健康水平的重要维度，而体育对培养高素质的人才，建立科学、健康、文明的现代生活方式和预防现代文明病的发生都具有重要的作用。本节在阐述大学生社会适应的基本理论的基础上，结合体育的功能价值和体育教学的具体案例，阐述了怎样使学生学会在体育锻炼中崇尚公平竞争的体育精神，与他人友好交往、建立良好的人际关系，怎样通过体育活动，形成良好的团队协作意识。

一、大学生社会适应概述

（一）大学生社会适应的概念及构成要素

适应来源于生物学的一个名词，用来表示能增加有机体生存机会的那些身体和行为上的改变，心理学上用来表示对环境变化做出各种反应。根据心理学关于适应的概念，结合大学生群体的心理和行为的特点，我们认为，大学生社会适应是指大学生为了更好地适应大学生活和将来的急剧变化的社会而使自己的行为符合社会要求以及努力改变环境以使自己能够获得更好发展积极的内在过程。大学生社会适应性是大学生是否健康的一条重要标准，是大学生进入大学后与大学环境相互作用，与周围同学、老师相互交往的过程中，以一定的行为积极地反作用于周围环境而获得平衡的心理能力。具有较强社会适应性的大学生应该对环境变化大都持有积极灵活的态度，能够主动调整自身的身心，在现实大学生活环境中保持一种良好有效的生存状态。

根据心理学家的研究成果，我们认为社会适应性品质主要包括学习适应性、人际关系适应、竞争环境的适应性、合作能力和挫折耐受力等。学习适应性指大学生能够根据学习环境内容和教师教学方式的改变而对自己的学习准备、学习方式和复习方式等及时做出调整，包括学习的准备计划、改进学习方法、归因倾向和积极努力的学习态度等。人际关系的适应是指大学生活实践中，所建立起来的相对稳定社会关系，并能对这种社会关系做出调整，以符合自身发展的需要。竞争环境的适应性是指为了自己的利益和需要而同他人争胜的行为，合作精神是指大学生之间为实现某一共同的目标在思想或行为上相互协调配合的能力。挫折耐受力指学生面对挫折而采取的防御和自我调节方式。

（二）大学生社会适应现状及特征

在现实生活中，一个大学新生离开家乡，离开父母和家庭，步入一个新的生活环境，学习的内容发生变化，生活的方式发生变化，日常接触的社会群体也发生变化……这些变化，都以一定方式影响着学生的心理，造成学生心理上的不平衡和行为上的不适应。在一次对大学新生的调查中发现，有42%的学生反映，由于环境的改变，出现了矛盾、困惑心理。其中一部分学生表现出对现实的失落感。由于中学时教师为了激励学生刻苦学习，考出好成绩，把大学描绘成一个"人间天堂"，学生也将考大学作为唯一的和最终的目标来激励自己在高中埋首苦读。但当跨入大学校园后，突然发现事实并非如此，进而怀念起过去的中学生活。还有一部分学生发觉在中学时站在山顶"风景这边独好"的感觉没有了，在高手如云的新的集体内，昔日那种"鹤立鸡群"的优越感荡然无存，无形中在心理上产生一种失落感。另有一部分学生表现出对专业学习的困惑心理。与中学相比，大学学习具有更多的自主性、灵活性和探索性，进大学后，他们一时无所适从。有些学生感觉一下子从中学的严格管教中"松了绑"，但又不知如何安排学习，心中感到忧郁、焦虑和恐慌。还有一部分学生表现出对生活及其环境的不适应。进入大学后，由原来依赖父母的家庭生活过渡到相对自立的大学集体生活，心理上更产生一种孤独感。

二、大学生社会适应的内容与自我评定

（一）大学生社会适应的内容

1. 角色转换的适应

从一名中学生转变为一名大学生，每一位大学新生都面临着角色的转换，面临着对自我的重新定位。在这种角色的转换过程中，如果自身的行为不能随着角色的变化而变化以符合角色的要求，不能随着时间、环境的不同而进行相应的调整，就可能会出现角色的冲

突,从而出现适应不良。例如,有一些同学入校后,首先感到难以适应的是在班级中地位的变化,因为能进入大学的学生在中学往往是尖子生,并且习惯了"拔尖"的地位,而进入大学以后,各方面的人才聚集在一起,势必使大部分同学失去原来的"拔尖"地位,而成为"一般"甚至"比较差"的成员。这种地位的变化越强烈,他们适应起来就会越困难。很多同学在中学时期是学习尖子,可以说,很多人是带着"过去的辉煌"来到大学的,而进入大学后由于人才荟萃,不少人在学习上的优势将会削弱或消失,不再成为大家关注的焦点,大多数同学要从优势角色向普通角色变化。面对新的角色,有的同学发觉自己不管是从学生干部职务还是从学习上都很难再现辉煌,于是便产生一种"挫折感";有的新生由于往日盲目的自信和骄傲,此时便觉得自己落伍掉队,原有的优越感和自豪感变成了自卑感和焦虑感。这一转变很可能引发大学生对自己角色定位的困惑,精神上会出现失落感、自卑、抑郁、退缩等心理问题常常就会发生。

从中学进入大学是人生中一个较为重要的变化,步入大学校园,随着环境的改变,个人的角色也会随之改变。正确地评价和认识自我,及时地进行角色调整,为自己重新制定一个恰当目标,进行新的角色定位和自我角色期待,而不是抱着原来的自我不放,这样才能完成角色适应,顺利地度过大学生活。

2. 生活、环境的适应

陌生的校园,陌生的脸孔,全新的语言环境,崭新的校园文化生活,怎样适应新的生活,新的环境,这是大学新生进入校园后首先就要面临的问题。对于大多数刚踏进大学校门的学生来讲,他们在入学前,对大学的生活、大学的环境都充满了期望,然而理想与现实之间总是会有很大的差距,如果不能做出及时进行调整,以减少理想与现实间的冲突,就很容易导致各种心理落差和心理失衡,以至于不能很好地适应。

家庭舒适的生活条件,父母的各种关爱,使许多学生缺乏独立的生活能力,他们一旦离开了父母,便感到生活上失去了依靠,对于新同学来说,进入大学后,没有了父母、长辈的每日悉心照料,他们首先要独立生活,独立面对生活中的困难,要学会日常生活的打理,要学会自己照顾自己。从一日三餐到个人的生活,一切都要由自己做主,这些,会使一部分同学感到手足无措;此外,饮食习惯的改变、生活环境的改变等等,导致有的同学会抱怨食堂不可口的饭菜,抱怨集体生活的种种不便,抱怨同宿舍舍友的一些不良习惯;还有一些北方来的同学由于不适应南方炎热、潮湿的气候条件,会有一些生理的不适,从而产生各种的心理困扰。这一系列生活习惯和环境的改变都可能使他们感到不适应,因而出现想家、思念亲人、怀念老同学等现象。并由此可能产生各种烦恼,出现焦虑、抑郁、敌对、低落的情绪,严重者会影响心理健康。曾有一位考到外地高校的男生,由于无法面对离开父母照顾的生活,产生了严重的厌学情绪,最后宁愿退学,也不愿独立生活。

面对环境、生活的种种改变和不适应,学生除了要保持积极乐观的心态外,还应该积极寻求外部支持,获得家庭、朋友、同学和老师的帮助,应学会让自己坚强的独立起来,培养自理能力,为自己造就良好的生活环境,科学条理地安排课余生活,保持身心愉快、健康、顺利地投入学习中去。

3. 人际关系的适应

我国心理学家丁瓒教授指出："人类的心理适应，主要是对人际关系的适应；人类的心理疾病，主要是由人际关系失调而来。"对大学生而言，也同样如此。人际关系在大学生活中始终都是影响心理健康的重要因素。人际关系不良，会给大学生带来很多烦恼、焦虑和不安，进而可能产生许多心理问题。有调查发现在大学一年级新生中有一半以上的同学有人际交往方面的心理困惑，这是大学新生最大的心理问题。

大学校园比起中学来说更接近于社会，由于大学生来自全国各地，彼此之间的生活习惯、家庭背景、性格、语言都会有一定差异，因此，每个人都会有不同的交际关系。有些学生表现为人际敏感。在大学，来自天南地北、五湖四海的学生汇集成一个社会的群体，由于地域与家庭的差异，他们原来各自的生活方式、性格、兴趣、思想观念、饮食习惯等多方面也存在明显差异，在这个大家庭的人际交往过程中，不可避免地会发生一些摩擦、冲突和情感损伤，这一切难免会引起一部分心胸狭窄的学生不快。本来他们远离父母就有一种孤独感，一旦出现人际关系不和谐发生其他冲突，这种孤独感就会进一步加剧，从而产生压抑和焦虑。有些学生表现为人际交往心理障碍。因为语言表达能力较差，他们害怕与他人沟通思想感情，把自己的内心情感世界封闭起来。这种人经常处于一种要求交往而又害怕交往的矛盾之中，很容易导致孤独、抑郁或自卑。还有些是因为性格上的不合群，他们在学生中不被理解而被排斥，其中一部分人便独来独往，不与他人接触，久而久之就产生一种受冷落或性格孤僻、粗暴等心理倾向。现实生活中，人与人之间都存在差异，每个人都有自己的个性、习惯和观点。每个人在人际交往中都会遇到一些不和谐的情况，彼此交往之中会产生各种矛盾冲突或纠葛，要适应，就得容忍差异的存在。金无足赤，人无完人，既要能容忍自己的不足和差错，也要能容忍他人的不足和差错。尊重他人，诚恳和谦虚待人，求同存异，随时调整自己的态度和情感反应，提高自己的人际交往技巧，从而才能与他人建立起友好的、协调的人际关系。

4. 学习的适应

上大学是人生一个重要的转折点。有关调查显示，有 60% 的新生存在不同程度的学习心理的问题。刚从中学毕业考上大学的大学生，在大学都要经历学习心理与学习方法的适应期，有的同学很快就能适应，但有的同学则适应得很慢。作为大学新生只有有意识地尽快从心理上主动适应大学的学习生活环境，才有望打下成才的坚实基础。大学的学习比中学更复杂，更高深，同时也更为自觉、独立。老师的授课方式也不同于以往，大学里很少有人监督你，主动指导你，相当一部分大学生，由于上大学后"动机落差"，比如高中阶段唯一的目标是考上大学，一旦目标实现了，上大学后就开始松懈，没有树立起进步的好目标。自我控制能力差，缺乏远大的理想，没有树立正确的人生观，产生学习动力不足，从而影响学习效率与学习效果。培养自主学习能力，实现由被动学习变为自主学习，有助于适应新的大学学习任务和环境。要尽快适应大学的学习生活，首先要学会自主学习。这就需要学习具有主动性，自己做时间的主人，有计划地进行学习，能充分利用自习的时间；

要善于选择参考书或文献资料,有选择地学习,而不是盲目学习;此外还要多渠道学习。除在课堂上学习外,能够利用图书馆、资料室的图书资料进行自学,还能够积极参加有关的学术讲座或课外兴趣小组的学习研究,并能够主动拜访老师或同学,争取老师和同学对自己的指导和帮助。另外,要学会探索性学习,要积极参与实践,通过参加一定的社会实践活动,了解社会,增长知识和能力。

学习的目的与动机如果是正确的,学习的毅力就会大大加强。教育心理学的研究表明,学习动机是直接推动学生进行学习的一种内部动力。它是一种学习的需要,这种需要是社会和教育对学生学习的客观要求在学生头脑里的反映,它表现为学习的意向、愿望或兴趣等形式,对学习起着推动作用。因此,大学生有正确的学习动机和目的对适应大学的学习生活是十分重要的。

每一个大学新生当他们真正开始大学生活时,生活环境、生活方式、学习内容以及人际关系等的种种改变,使他们每个人都会经历一个时间长短不一的适应的阶段,从不适应到适应,这些改变以一定的方式不同程度地影响着每一个学生的心理。如何缩短适应期、如何克服适应阶段出现的种种心理问题,是每一位大学新生都要面临的重要问题。学会积极适应,维护心理健康,是每一个大学生顺利成长的必要前提。

(二)大学生社会适应能力自我诊断

社会适应能力,指的是一个人在心理上适应社会生活和社会环境的能力。社会适应能力的高低,从某种意义上来说,表明一个人的成熟程度。下面的问题能帮助你进行社会适应能力的自我判别。(A、是 B、无法肯定 C、不是)

(1)每到一个新环境,我总要经过很长一段时间才能适应。( )
(2)每到一个新的地方,我很容易同别人接近。( )
(3)在陌生人面前,我常无话可说,以至于感到尴尬。( )
(4)我最喜欢学习新知识或新学科,它带给我一种新鲜感,能调动我的积极性。( )
(5)每到一个新地方,第一天总是睡不好,就是在家里换张床有时也会失眠。( )
(6)不管生活条件有多大变化,我也能很快习惯。( )
(7)越是人多的地方,我越感到紧张。( )
(8)在正式比赛或考试时,我的成绩多半不会比平时练习差。( )
(9)我最怕在班上发言,全班同学都看着我,心都快跳出来了。( )
(10)即使有的同学对我有看法,我仍能同他(她)交往。( )
(11)老师在场的时候,我做事情总有些不自在。( )
(12)和同学、家人相处,我很少固执己见,乐于采纳别人的看法。( )
(13)同别人争论时,我常感到语塞,事后才想起该怎样反驳,可惜太迟了。( )
(14)我对生活条件要求不高,即使生活条件很艰苦,我也能过得很愉快。( )
(15)有时自己明明把课文背得滚瓜烂熟,可在课堂上背的时候,还是会出差错。( )

（16）在决定胜负成败的关键时刻，我虽然很紧张，但总能很快使自己镇定下来。（　）

（17）我不喜欢的东西，不管怎么学也学不会。（　）

（18）在嘈杂混乱的环境里，我仍然能集中精力学习，并且效率较高。（　）

（19）我不喜欢陌生人来家里做客，每逢这种情况，我就有意回避。（　）

（20）我很喜欢参加社交活动，我感到这是个交朋友的好机会。（　）

［评分办法］

1. 凡是单数号题（1，3，5，7……），是：~2分，无法肯定：0分，不是：2分。

2. 凡是双数号题（2，4，6，8……），是：2分，无法肯定：0分，不是：~2分。

3. 将各题的得分相加，即得总分。

35~40分：社会适应能力很强，能很快适应新的学习、生活环境，与人交往轻松、大方，给人的印象极好，无论进入什么样的环境，都能应付自如、左右逢源。

29~34分：社会适应能力良好。

17~28分：社会适应能力一般，当进入一个新环境，经过一段时间的努力，基本上都能适应。

6~16分：社会适应能力较差，依赖于较好的学习、生活环境，一旦遇到困难则易怨天尤人，甚至消沉。

5分以下：社会适应能力很差，在各种新环境中，即使经过一段相当长时间的努力，也不一定能够适应，常常困惑到与周围事物格格不入而十分苦恼。在与他人的交往中，总是显得拘谨羞怯，手足无措。

温情提示：如果你在这个测查中得分较高，说明你社会适应能力较强。但是，如果你得分较低，不必忧心忡忡，因为一个人的社会适应能力是随着年龄的增长、知识经验的丰富而不断增强的。只要你充满信心，刻苦学习，虚心求教，加强锻炼，你一定会成为适应社会的成功者。

三、体育运动促进大学生社会适应能力提高的策略

体育活动本身就是一个社会交往的情景，因为它包含有等级观念、流行时尚、服装潮流、法律精神、基本道德行为规范、商业关系等许多社会交往中常见的要素，它就像一个"价值容器"盛载着社会上主要的、流行的价值观念。在学校教育中，体育课教学和课外体育活动的开展，以及学校对体育的政策，都对学生参与体育活动的社会化过程起到很大影响，尤其是体育课教学，除了增强学生体质、增进学生健康外，还教授学生掌握有用的社会知识和陶冶其个性，培养学生优良的道德品行。由于少年儿童在学校逗留的时间长，因此学校教育和同学之间营造的体育运动气氛是体育社会化过程的重要环节。

社会化的过程也是一个角色学习的过程。体育活动中的角色很多，如竞赛者、队员、

教练、裁判、观众、组织人员等，而这些角色与现实生活中的一些角色比较相似，因此，通过参加体育活动，个人可以学习和体会现实社会中的各种不同角色，获得相应的经验。

（一）体育运动与大学生合作精神的培养

1. 体育运动中的合作形式

在体育活动中，特别是在篮球、排球、足球等集体运动项目中，参与者之间的全力合作是运动顺利进行，取得良好运动效果和运动成绩的重要保证。体育运动中的合作形式多种多样，有运动参与者个人与个人之间的合作、个人与群体间的合作，还有教师与学生、教练与运动员之间的合作，不同的运动项目、不同的运动情境，参与者之间的合作形式表现也各不相同。在集体运动项目中，如篮球、排球、足球等项目，一次成功的进攻或防守，往往需要通过同队数名队员的积极跳动、传球、掩护等系列战术行为才能奏效。在集体参与的个人项目中，如田径、游泳等，团队的胜利更是取决于每个队员的努力、个人成绩的积累。在比赛场外，负责后勤保障的无名英雄的辛勤劳动以及广大体育迷的呐喊助威，是一种间接合作，也是运动员取胜的重要保证。可见，体育运动需要合作，合作能力是体育运动参与者必须具有的素质，也是通过体育运动可以培养与发展的一种能力。

2. 体育合作的要素

默契、成功的体育合作取决于以下要素：

（1）集体主义观念。在体育运动中，要发扬和倡导以大局为重的集体主义精神。如果运动参与者心中无集体，凡事总是把个人的名利放在首位，他的行为就无法与集体的意愿相符，难以与队友和同伴合作。例如：在足球比赛中，进攻一方将球由中场传到前场右边。如果右边锋是个喜欢出风头的人，一味只想自己射门进球，他就不会把球传给处于最佳位置的队友，将队友"视为观众"，这就是不合作，是个人英雄主义的表现。在体育实践中，一个时时能以全队的整体运动效果为目标的人，才能使个人行为有助于团体，使团队的活动有效，获得成功。

（2）体育运动目标。共同参加一项体育运动的人都是有意识的、力图以一定的计划来调节相互的行动。每个人和团队在体育运动中可以具有各种目标，有的是为了比赛获胜（名次）、有的是为了在比赛中创造好成绩、有的为了娱乐休闲、有的为了健身、有的重在参与。在运动中，如果合作双方的目标一致，他们在制订运动计划时就易趋向一致，运动中就容易合作，达到默契。

（3）战术意识和战术行为。战术意识是指运动员或参与者在比赛中（包括非正规比赛和游戏）为达到制胜对手、获得成功的目的而决定自己战术行为的思维活动。战术意识强的队员，能在多变的竞赛环境中及时准确地观察场上的情况，做出正确的判断且能随机应变，从而决定自己的行动，与同伴协调配合。实践证明，合作双方战术意识一致或相近，认识与判断事物就易趋向一致，行为就容易协调一致，更容易达成默契。

战术行为是为达到特定战术目的而采取的动作、动作系列和动作组合。在集体性运动项目中，全队的战术行为能否协调一致与战术意识密切相关。经常参加集体性运动项目有助于培养良好的战术意识，培养合作精神。

（二）体育运动与大学生竞争意识的培养

竞争与合作相对立，是指为了自己的利益和需要而同他人争胜的行为。在竞争的社会情景中，一方的得益必会引起另一方的利益损失，而且个人对个体目标的追求程度高于对集体目标的追求程度。竞争观念在现代社会中是一个重要的价值观念，现代社会竞争日趋激烈，竞争既是体育的特征之一，又是体育精神的重要内容之一。现代奥林匹克运动口号"更快、更高、更强"就是竞争的体现。市场经济社会就是竞争的社会，各行各业的竞争归根到底是人才综合素质（科技文化、思想品德、体质）的竞争，竞争过程也是他们身心素质，各方面知识、能力的自我展示，是优胜劣汰的筛选过程。竞争是体育运动的主要特征之一，在体育运动中，时时处处充满着竞争，既有对自己运动能力的挑战，如长跑到达"极点"时，是坚持下去还是半途而废？既有人与人之间的竞争，也有团体与团体之间的竞争，这种竞争，必须讲究良好的体育道德，取胜主要靠自己的能力，而不是通过不择手段地伤害他人来达到。体育运动与保守性格势不两立，强烈的竞争性督促着每一个参与者不断去创新和变革。在体育运动中，不讲门第，不排世袭，不序尊卑。在竞争活动中不承认除个人身体、心理以外的任何不平等。体育运动最讲法制，不徇人情；最讲现实，不论资历；最讲务实，不图虚妄。它以"公平竞争"为宗旨，培养人一些这样的意识和观念：权利和义务、成功和失败，机会和风险。通过体育活动的竞争来培养自己积极进取竞争意识，为日后走出校门，走向社会，投身于激烈竞争的社会，提高思想上应变准备。

第三章　高校体育实践能力培养

第一节　篮球运动

篮球运动是于1891年由美国马萨诸塞州斯普林菲尔德市基督教青年会训练学校体育教师詹姆斯·奈·史密斯博士借鉴其他球类运动项目设计发明的。起初，他将两只竹篮钉在健身房内看台的栏杆上，竹篮上沿离地面稍高10英尺，约3.05米，用足球做比赛工具，任何一方在获球后，利用传递、运拍将球向篮内投掷，投球入篮得一分，按得分多少决定比赛胜负。1892年，奈·史密斯制定了《青年会篮球规则》13条，比赛时间规定为上、下半场各15分钟；对场地大小也做了规定；上场人数由每队9人、7人，1893年决定为5人。随着篮球运动在美国国内的推广和开展，场地、器材也不断更新改进，逐渐形成近似现代的篮板、篮圈和篮网。

由于篮球运动是一项室内、富有吸引力的、新颖的运动项目，不仅在美国国内得到很快的发展，而且相继传播到欧、亚、南美洲等的一些国家。1904年，美国青年会男子篮球队在第三届奥运会上进行了表演赛。此后，篮球运动逐步在各大洲开展起来。1932年在瑞士日内瓦成立了国际业余篮球联合会，并正式出版了第一本国际篮球规则。1936年第十一届奥运会将男子篮球列入正式比赛项目，自此篮球运动登上了国际竞技运动舞台，成为一项世界性的运动项目。

一、篮球基本技术与练习方法

（一）移动

移动是队员在比赛中改变位置、速度、方向和争取高度时所采用的各种脚步动作的统称。

1. 基本技术

（1）起动。

起动是队员在场上由静止状态变为跑动状态的一种脚步动作。突然快速起动在比赛中运用最多，是摆脱对方最简单、最有效的方法。起动时，前脚掌要短促而迅速地用力蹬地，使动作具有突然性。起动的前几步要小而快速，同时上身迅速前倾或侧转，向跑动方向转移重心，手臂协调摆动，能在最短的距离内充分发挥速度优势或以起动超越对方。

（2）变向跑。

变向跑是队员在跑动中突然改变方向并加快速度来摆脱防守的一种方法。变向时，上身稍向前倾，同时右（左）脚前脚掌内侧用力蹬地，随之腰部扭转，上身向左（右）前倾，移动重心，左（右）脚向左（右）前方跨出一小步后，右（左）脚迅速同左（右）腿的侧前方跨出一大步，继续跑动。

（3）侧身跑。

比赛时，队员在跑动中为了更好地摆脱或超越对手，同时观察场上变化接应队员，经常采用侧身跑。侧身跑时，头部和上身放松地向球的方向扭转，同时侧肩，脚尖朝着跑的方向，既要注意观察场上情况，又要保持奔跑速度。

（4）急停。

跨步急停：队员快速跑动到最后两步时，先向前迈出一步，用脚后跟着地并过渡到全脚掌抵住地面，迅速屈膝，同时身体稍向后仰，转移重心，减缓向前的冲力。第二步着地时，身体侧转，脚尖稍向内转，用前脚掌内侧蹬地，两膝弯曲，重心落在两脚之间。

跳步急停：队员在近距离慢跑中，用单脚或双脚起跳（离地不高），上身稍后仰，两脚同时落地。落地时用前脚掌内侧着地，两膝弯曲，下降重心，以保持身体平衡。

（5）转身。

前转身：一脚从中枢脚脚尖前绕过移动为前转身。如向左做前转身时，左脚为中枢脚，右脚前脚掌用力蹬地，同时上身向左转动。

后转身：一脚从中枢脚跟后面绕过移动为后转身。如向右做后转身时，左脚为中枢脚，身体重心移到左脚，右脚前脚掌用力蹬地，同时上身向右转动。

（6）滑步。

前滑步：由前后站立姿势开始，向前滑步时，前脚向前跨出一小步，与此同时后脚用力蹬地向前滑一步，保持开立姿势。注意屈膝降低重心。

侧滑步：由两脚平行站立姿势开始，向左侧滑步时，左脚向左跨出，落地的同时，右脚蹬地滑动，跟随左脚移动，保持屈膝低重心的姿势。身体不要上下起伏，两脚不要交叉，重心要落在两脚之间。向右侧滑步时动作相反。

（7）后撤步。

前脚掌内侧用力蹬地，重心后移，然后将前脚移至后脚的斜后方，紧接前滑步，保持防守位置。

2. 练习方法

（1）基本站立姿势（面向、背向、侧向），听或看信号起动跑的练习。

（2）自抛或别人抛球后，迅速起动快跑，把球接住。

（3）成一路纵队，采用全场"之"字形急停急起。练习时，一队员急停变向后，第二名接上再做，依次进行。

（4）看手势做前、后、侧滑步，后撤步练习，全场"之"字形滑步练习。

（5）两人一组，一攻一守练习。

（6）两人一组，一人运球做各种变向、变速运球，另一人根据对方运球做相应的防守动作。

（二）运球

运球是篮球比赛中个人进攻的重要技术，是组织全队进攻战术配合的重要桥梁。运球练习可以提高控制球、支配球的能力。经常做各种运球练习，不仅可以提高运球技术，而且对传接球、投篮等技术都有很大的促进作用。

1. 基本技术

（1）急停急起运球。

在防守较紧的情况下，运球向前推进时，可利用急停急起的变化来摆脱对手。动作方法：在快速运球中，突然急停，手拍按在球的前上方。运球急起时，要迅速起动拍球的后上方，要注意用身体和腿保护球。

技术要点：运球急停急起时，要停得稳、起得快。

（2）前变向运球。

当对手堵截运球路线时，突然向左或向右改变运球方向，摆脱防守的运球方法。动作方法：以右手为例，运球向右侧前进，遇到对手堵截前进路线时，右手拍球的右上方使球从体前弹向左侧。同时右脚向前跨，上身向左用肩挡住对手，然后换左手按球的后上方，左脚跨出，从对手的右侧继续运球前进。

技术要点：手、脚、肩、身体协调配合。

（3）虚晃运球。

在对手堵截运球路线时，不换手的横运球，改变球路线，摆脱防守的运球方法。动作方法：运球假动作突破是运球队员利用腿部、上身和头部虚晃，伴作运球动作迷惑对手，使其产生错误判断而做出抢球动作。当其一侧露出空隙时，立即运球突破，左晃右过，右晃左过。

技术要点：手按拍球的部位和拉拍球的动作要连贯。

（4）背后运球。

这是在运球前进中，当遇到对手堵截一侧时，而且距离较近而无法采用体前变向运球时，所采用的一种运球方式。

动作方法：以右手运球，向左侧变向为例。变向时，右脚在前，右手将球拉到右侧身后。迅速转腕拍接球的右后方，将球从身后拍按至身体的左侧前方，然后用左手运球，左脚向前，加速前进。

技术要点：手拉拍球的右外侧，手、脚、腿及身体协调配合。

（5）转身运球。

当对手逼近时，不能用直线运球且体前变向运球突破时所采用的一种运球方法。动作方法：变向时，左脚在前为轴，做后转身。同时，右手将球拉至身体的左侧前方，然后换手运球，加速前进。

技术要点：蹬地、转身，拉引球、拍按球动作要协调。

（6）胯下运球。

当防守队员迎面堵截时，用这种运球摆脱防守方法。动作方法：当防守队员迎面堵截，贴得很近时，以右手运球为例。变向时左脚在前，右手拍按球的右侧上方。将球从两腿之间运至身体左侧然后上右脚，换手运球，并加速。

技术要点：拍按球的右侧上方，球从两腿之间穿过，上步、换手时动作要协调。

2. 练习方法

（1）原地运球：听哨音或看手势，做各种运球练习，体会运球动作，增强手感，逐步提高控球能力。

（2）直线运球：分两组或多组，成横队站于端线处。第一组持球行进间高运球至另一端线，返回时换左手运球，然后将球交给下一组，轮流进行。

（3）变向换手运球：身后运球转身，都采用每人一球，从端线的一边行"之"字形依次运到另一边。

（4）对抗练习两人一组一球，全场一攻一防，进攻者采用各种运球方法，从一端攻到另一端，攻防交换。

（三）传球、接球

传球、接球是实现战术组织配合的纽带，它能把 5 名队员连成一个整体，充分发挥集体力量，体现篮球运动特点。巧妙准确的传球，能打乱对方防御部署，创造更多、更好的投篮机会；若接到传球后直接投篮得分，则这个传球被称为"助攻"。稳定牢靠合理的接球，能弥补传球的不足，从而很好地完成传球、突破、投篮等系列动作。

1. 基本技术

（1）持球手法与传出后的手形。

手法：根据手的大小，两拇指八字或一字相对，手指展开拿球。手心不应触球。

（2）持球姿势与方法。

持球基本姿势是可投、突、传的三威胁姿势。它的动作要领：脚尖正对篮圈，前后开立，屈膝，背要直。躯干要对篮，球放在胸前，抬头看防守及观察场上情况。

（3）传球技术与方法。

传球由动作方法、球的运行路线和球的落点构成，这是评价传球质量的重要指标。①双手胸前传球。双手胸前传球是一种最基本而又最常用的传球方法。这种传球快速有力，可在不同方向、不同距离中使用，而且便于和突破、投篮等动作相结合。动作方法：以基本姿势站立，双手持球，向传球方向迅速伸臂、抖腕，同时身体向传球方向移动。初次练习传球时，应向前跨一步以帮助传球。技术要点：手臂前伸与手腕后屈的协调，伸臂与拨腕指的衔接。②双手头上传球。双手头上传球出手点高，便于与头上投篮相结合，与突破、运球等技术相结合使用时，增加动作的幅度，所以它适于高大队员使用。动作方法：传球时应将球举过头顶。使用双手持球，球高过前额，目光集中在传的点上，双手朝向传球的方向，应意识到对手可能会封盖传球。通过抖动指腕将球传出，球就呈直线传到同伴手中。技术要点：摆臂与拨腕指的衔接。③单手肩上传球。单手肩上传球是最基本的传球方法，而且是经常运用的一种远距离传球方法。动作方法：由持球基本姿势开始，右手腕向右肩处翻转，到达合适传球位置后，以肘关节为轴，借助下肢蹬转或腰腹转动的力量，顺势带动前臂的挥动。手腕、手指前屈，球通过指端旋转传出。技术要点：展体挥臂和蹬腿与身体重心前移的协调连贯。④单手体侧传球。这是一种近距离隐蔽传球的方法，外围队员传球给内线同伴时常用到这种方法。动作方法：持球经身体侧后方弧线向外伸展手臂，以肩为轴向前摆臂，当手臂侧伸较充分时，及时扣、拨腕指将球传出。技术要点：体侧弧线引球，摆臂制动与拨腕指的衔接。⑤反弹传球。这是最常用的一种近距离隐蔽传球方式，是小个子队员对付高大防守者或中锋传给往球篮方向切入的同伴的有效手段。动作方法：双手掌心向下，置球于胸腹之间。用手指、手腕弹拨球传出。反弹点落于离接球队员三分之一处。反弹高度于腰膝之间。技术要点：球速快，掌握好落球点。⑥单手体前侧传球。这是最常用的一种非常隐蔽传球方式，适用于各个位置。动作方法：以"三威胁"姿势开始，余光观察自己同伴的位置，把握时机。传球时，摆动小臂，当球基本过了前胸时及时压腕、拨指将球传出。技术要点：摆动小臂与压腕、拨指的连贯。⑦单手背后传球。当持球者贴近防守者时运用的方式，一般情况在快攻结束和突破分球时运用。动作方法：向背后引球时肘稍上抬，上臂带动前臂摆动，当半球位于体后时及时拨腕指将球传出。技术要点：摆臂与拨腕的时机。

（4）接球。

接球就是获得传球的动作。良好的接球技巧能够弥补传球的不足。无论何种接球，都是由伸臂迎球和缓冲握球等动作组成。接球时，要伸臂迎球，当指端触球的瞬间，手臂要顺势后引，曲肘缓冲来球的惯性后持球。有对手防守时，要先卡位再要球。接球后要随时做"三威胁"攻击姿势，并尽快衔接下一个动作。

①接球的手法

A. 双手接球。两臂先伸出迎球，双手十指自然分开成半球状，手指指端触球瞬间，双臂随球缓冲来球的力量后，自然持球于胸腹之间，保持好"三威胁"的姿势。

B. 单手接球。五指自然分开成弧形并伸出手臂迎球，手指指端触球的瞬间顺势缓冲控球。同时，借助另一手的辅助成双手持球的"三威胁"姿势。

②接球方法

A. 原地接球。其包括迎、引、成基本姿势。迎是向来球方向伸臂或上步迎接球。引即在缓冲过程中将球带到所需部位。成基本姿势是指下一个进攻动作的开始姿势。由接球点到腹前呈一条向后向下的弧线。

B. 移动接球。跨停步接球：靠近来球方向的内侧脚跨步缓冲接球，后腿膝部内扣，斜撑制动。跳停步接球：收身稍跳起接球，双脚同时落地。

2. 练习方法

（1）原地对墙做各种传球、接球。

（2）两人一组做各种传球、接球。

（3）迎面传球、接球。

（4）行进间两人传球、接球：把人数分成相等的两组站在端线后，两人一组传球、接球。上篮后交给对面的另一组做同样的练习，然后排到队尾，交替进行。

（5）行进间三人传球、接球：练习方法同上，要求三人传球时，中间队员稍后与左右两名同伴成三角形队形，每次传球必须通过中间队员。

（6）三人"8"字围绕传接球：传球人始终从接球者身后绕切至前面接球。

（四）投篮

投篮得分是篮球运动所有技术、战术、技能的最终目的，是篮球比赛中唯一的得分手段。篮球所有的技术、战术配合都是为了创造最佳投篮时机，提高其命中率，因此投篮是篮球比赛的关键，是攻防对抗的焦点。

1. 基本技术

（1）投篮的身体姿势和持球方法。

①投篮的身体姿势：两脚开立，与肩同宽或略宽。重心在两脚之间，保持好重心平衡。两个膝关节要保持弯曲，上身要含胸直背，身体不能前后、左右摇动，目视投篮目标。肘关节的姿势是当投篮手举起时，手应放松地贴住自己的身体。手和球举起后，肘关节适度外展，躯干与上臂、上臂与前臂、前臂与手腕都要形成90°。②持球方法：对于单手投篮，用投篮手的食指尖端接触球的平面中心部位。投篮手的拇指应该展开，与食指呈60°夹角，手指应有"握球"的感觉，手心自然空出。扶球手扶球的一侧，手指全面展开到最大程度。

（2）投篮技术与方法。

①原地投篮：它是比赛中应用比较广泛的投篮方法，是行进间单手高手投篮、跳起单手肩上投篮等技术动作的基础。

A. 单手肩上投篮。动作方法：以投篮姿势，用力蹬地，伸展腰腹，抬肘，手臂上伸，手腕、手指前屈，指端拨球，用中指、食指将球投出，手臂向前自然伸直。技术要点：全身动作协调，用力应一致。

B. 双手胸前投篮。动作方法：双手持球于胸前，肘关节自然下垂（不要外展），上身稍前倾，两膝微屈，身体重心放在两脚之间，目视投篮目标。投篮时，两脚蹬地，腰腹伸展，两臂上伸，两手腕同时外翻，指端拨球，用拇指、食指、中指投出，手自然伸直。技术要点：掌握好屈膝蹬地、腰腹伸展，手臂上伸与手腕、手指用力动作的连贯、协调。

C.勾手投篮。动作方法：以右手为例，降低重心，上身向左倾斜，左脚用力蹬。技术要点：掌握身体重心，手腕和手指力量的控制。

②行进间投篮。行进间投篮是一种被广泛应用的投篮方法。一般在快攻中或切入篮下时运用，也可以在中、近距离投篮时运用。

A.行进间篮下单手肩上投篮。这是快攻和突破到篮下时常用的一种投篮方法，比赛中命中率较高。动作方法：以右手为例，在跑动中右脚向前跨出一大步，双手迎前接球，左脚接着上前一步，脚跟先着地迅速过渡到前脚掌起跳，同时双手举球，右脚屈膝向上抬配合左脚起跳。当身体到达最高点时，扣腕和手指拨球，柔和地将球投出。技术要点：接球、起跳、引球、扣腕、拨指配合协调。

B.行进间单手低手投篮。这是快速中超越对手后所采用的一种投篮方法，它具有速度快、伸展的距离远和便于保护球的优点。动作方法：以右手为例。在跑动中右脚向前跨出一大步，双手迎前接球，左脚接着上一步，脚跟先着地迅速过渡到前脚掌起跳，同时双手举球，右脚屈膝向上抬配合左脚起跳。当身体到达最高点时，左手离球，右手托住球的下部，手臂继续向球篮上方伸展，并以手腕为轴，手指向上挑球从食指尖投出。技术要点：助跑、接球、起跳举球、挑球动作连贯协调。

③跳起投篮。跳起投篮具有突破性强，出手点高，不易防守，便于与传球、突破和其他假动作相结合的优点，经常与移动、传接球、运球突破等技术动作结合运用。

A.原地跳投。动作方法：以投篮姿势，在两脚用力蹬地向上起跳的同时，上身向上伸展，双手举球，当身体接近最高时，右臂抬肘向上伸直，最后用手腕、手指的力量将球投出。落地时，双腿屈膝缓冲，准备下一个动作。技术要点：利用身体在空中最高点刹那间的稳定迅速出手。全身用力协调一致。

B.接球急停跳投。动作方法：在快速移动中接球，用跨步或跳步急停。突然向上起跳，迅速举球，当身体接近最高点时前臂向前上方伸直，手腕前屈，手指拨球，通过指端将球投出。技术要点：急停时，步子要稳，连接起跳技术，身体腾空和投篮出手协调一致。

C.运球急停跳投。动作方法：在快速运球中，用跨步或跳步急停，突然向上起跳，迅速举球。当身体接近最高点时前臂向前上方伸直，手腕前屈，手指拨球，从指端将球投出。技术要点：急停时，步子要稳，连接起跳技术，身体腾空和投篮出手协调一致。

2.练习方法

（1）持球模仿投篮练习：成广播体操队形，体会原地或跳起投篮的手法以及用力过程。

（2）接球急停跳投练习：两人一组一球，相距5米左右。一人跳起做投篮练习，另一人接球急停后跳起模仿投篮练习。体会动作的衔接过程。

（3）五点定位投篮：三人一个球篮，用一个或两个球，篮下有人捡球，按五点顺序投篮或跳投，每个点投中三个球才能换下一个点，设计中或未中次数。开始练习时离篮3~4米，逐渐放远到5~6米，并逐渐加快速度，依次练习。

（4）罚球投篮练习：持球站在罚球线后，原地或跳起投篮。进一步体会投篮手法、协调用力和投篮出手的角度。

（5）在三分线区域内做一分钟投篮练习：一人一球自投自抢，先3米远左右投篮，再把距离拉远投篮练习。

（6）行进间运球投篮练习：把队员分成两组，从中场开始做运球上篮。

（7）行进间全场传接球投篮：三人直线传接球投篮，三人围绕跑动中传接球投篮练习。

（五）持球突破

随着篮球技术的发展，各个位置的队员都能熟练地运用持球突破技术。持球突破技术发展主要表现为突然性强、速度快，与其他技术的结合非常紧密。持球突破后的各种运球和投篮更加具有攻击性，与假动作相结合，可以使突破防不胜防。其主要有以下几种方法：

1. 基本技术

（1）交叉步持球突破。

动作方法：以右脚做中枢脚为例。突破时左脚先向左跨出一小步（假动作），而后，左脚前脚掌内侧用力蹬地，同时上身向左侧转，左肩下压，使身体向右前方跨出，将球引向右侧并运球，中枢脚蹬地上步继续运球超越对手。技术要点：蹬跨积极，转体探肩保护球。

（2）同侧步持球突破。

动作方法：准备姿势和突破前的动作要求与交叉步相同。突破时，右脚向右前方跨出一步，向右转体探肩，重心前移，右手运球，左脚前脚掌迅速蹬地，向右前方跨出，突破防守。技术要点：蹬跨积极，转体探肩保护球，第二次加速蹬地要积极。

（3）前转身突破。

动作方法：以左脚做中枢脚为例。突破前，背向球篮站立，两脚平行开立，屈膝，重心降低，两手持球于胸前。突破时重心移至左脚上，以左脚为轴前转身，右脚向球篮方向跨出，向左压肩，右手运球后左脚蹬地突破对手。技术要点：移重心，蹬地运球动作连贯。

（4）后转身突破。

动作方法：准备动作与前转身相同，突破时以左脚为轴转身，右脚向右侧后方跨步，压肩，脚尖指向侧后方，右手向右脚前方放球，左脚前脚掌内侧迅速蹬地向球篮方向跨出，运球突破防守。技术要点：重心平稳。右脚向右侧后方跨出，左脚掌内侧蹬地发力。

2. 练习方法

（1）原地模仿练习。

（2）运用假动作，做不同的突破技术练习，提高运用动作的变化能力和动作的变换速度。

（3）半场或全场一对一进行对抗比赛。两人一组一球，先由一方持球开始进攻，进攻时可以运用交叉步或突破上篮。如突破成功或投篮命中，进攻者继续进攻，反之则交换。

（六）个人防守

个人防守技术更具有攻击性。防守者降低重心，增大防守面积，充分利用自己的身体体重与灵活多变的脚步。对有球队员采用平步或斜步的紧逼攻击性防守，对无球队员采用错位防守。做到以球为主，球、人、区三位一体的防守。

1. 防守的基本动作

（1）基本姿势。

两脚左右分开，一脚稍前，屈膝下蹲，重心在两脚之间。上身挺胸塌腰，一脚稍前比两脚平行站立前后更稳定，在突然后撤或向前时易于发力而不需调整。

（2）脚步移动。

滑步：移动时先向移动方向蹬跨，跨步脚紧贴地面，再蹬地脚紧贴地面并步。

后撤步：第一步蹬跨后撤要跨步完成，紧接滑步动作。

交叉步：是后撤步接追踪步的第一步（交叉）再接滑步的组合。

追踪步：是保持给对手一定压力的、重心稍低的侧身跑动作。

2. 防有球队员的基本动作

迅速调整防守脚步贴近对方，用手干扰对方，破坏对方进攻动作。同进攻者保持一臂距离，重心降低，始终要把进攻者置于自己的两腿之间。运球停止后，要迅速贴近，积极挥动手臂进行封堵。

（1）平步防守。

两脚平行站立，重心置于两脚之间。重心降低膝角约100°，两手臂侧伸，五指张开，两脚处于起动状态，膝关节内扣。

（2）斜步防守。

两脚前后斜步站立，一臂上举，一臂侧伸。重心置于两脚之间，屈膝收腹。重心低于对方，两脚处于起动状态。

3. 防无球队员的基本动作

人、球、区兼顾，做到近球上，远球放，控制对手接球。防守强侧的无球队员时，采取面向对手侧向球的站位法。用眼睛的余光注意球。防守弱侧无球队员时，采取侧向对手面向球的站位法。防止对手接球。

（1）在球、对手、球篮三点的夹角中间防守。

动作方法：两腿稍屈，两臂自然，保持放松机动姿势，侧对防守对象和球。根据对手离球和球篮的远近不断调整与防守对象的距离。

（2）绕前防守。

这是一种在防守的人、球、球篮成直线或从篮下溜过时要采用的防守方法。它可分为挤绕和后转身绕。

挤绕的动作方法：后臂从上前伸下压同时后脚前跨。

后转身绕的动作方法：前臂屈肘以前脚为轴后转身。绕前防守紧贴的对手，一手后伸掌握防守对手的移动。技术要点：快速移动中身体姿势和重心的稳定；人和球兼顾。

（3）贴身防守。

这是一种在对手接近球篮时要采用的防守方法。其动作方法：两脚斜步防守，一手屈肘顶住对方腰部，一手前伸干扰其传接球。

（七）抢篮板球

篮球比赛中，抢篮板球是获得控制球权的重要手段之一。

1. 基本技术

（1）抢进攻篮板球。

根据自己场上所处的位置，及时判断出球反弹方向，快速起动，摆脱防守，抢占有利的位置。采用单脚或双脚起跳，腾空后身体和手臂充分伸展，及时调整重心，进行投篮或将球传出。

（2）抢防守篮板球。

攻方投篮时，防守队员应根据自己与进攻队员之间的不同距离，采用不同的挡人方法。然后根据球反弹的方向，及时转身，抢占有利位置，跳起用单手或双手迅速将球抢下来。落地后持球远离对手，便于及时传球或运球。

2. 练习方法

（1）原地起跳抢球练习，向上自己抛球，然后用双脚起跳，在最高点处将球抢下来。落地屈膝缓冲。体会起跳、空中抢球和落地动作。

（2）两人一组一球，一人站在罚球线处，传球给篮下的队员。篮下队员接球后把球向篮板上抛出碰板。罚球线处的队员上步双脚或单脚起跳抢从篮板上反弹起来的球，抢下后把球投进篮圈；数次后交换。

（3）抢罚球篮板，双方按照比赛中罚球方法进行站位。确定甲方其中一人执行罚球，甲方的另外四人和乙方分别站在分位线后。当投球碰板或碰圈弹起瞬间，双方即冲抢篮板球。如投篮命中，则换由甲方的另一名队员罚球；如投篮不中，由抢得篮板球的队罚球。

二、篮球基本战术

（一）战术基本配合

1. 进攻战术基础配合

（1）传切配合。

这是指利用传球和切入技术组成的简单配合。

（2）突分配合。

这是指进攻队员持球突破防守队员向篮下切入，遇到防守方另一队员补防时，将球传给因对方补防而漏防的同伴，或传给转移到指定的配合位置上的接应同伴的简单配合方法。

（3）掩护配合。

这是指进攻队员以自己的身体采取合理的动作挡住同伴防守者的移动路线，使同伴借以摆脱防守的一种方法。根据被掩护者的不同方位而分为侧掩护、前掩护以及后掩护。

（4）策应配合。

一般是指处于内线的队员背对或侧对球篮接球，由他做枢纽与外线队员的突破相配合而形成的一种里应外合的方法。

2.防守战术基础配合

（1）挤过配合

在对方进行掩护配合时，防守者为了破坏对方的掩护，在掩护者临近的一刹那，主动靠近自己的对手，并从两个进攻队员之间侧身挤过去，继续防住自己的对手。

（2）穿过配合

对方进行掩护配合时，防守掩护的队员主动后撤一步，让同伴从自己和掩护队员之间穿过去，以便继续防守自己的对手。

（3）交换防守配合

这是为了破坏进攻队员掩护配合，防守队员及时交换所防对手的一种配合方法。

（4）"关门"配合

"关门"配合是临近的两个防守队员协同防守突破的配合方法。

（二）全队战术配合

1.全队进攻战术配合

（1）进攻半场人盯人

常采用内线、外线结合，积极穿插、换位，连续掩护等基本手段，制造中投或篮下投篮等各种机会。常采用的队形有："2—1—2"（单中锋进攻法）、"1—2—2"（双中锋进攻法）、"8"字掩护进攻法、移动进攻法等。

（2）进攻区域联防

进攻区域联防的方法有很多，可根据本队的具体情况和对方联防的形式确定阵式和配合方法。其目的在于攻击对方区域联防的薄弱环节。如"1—3—1"进攻队形布局是针对"2—1—2"和"2—3"区域联防而组成的，"2—1—2"进攻队形布局是针对"1—3—1"区域联防组成的等。

2.全队防守战术配合

（1）半场人盯人防守战术配合

这种战术配合是进攻队进入防守队的后场后，防守队立即迎上积极盯住各自的对手，同时，进行集体协同防守。基本战术要求是："以人为主，人球兼顾"和"有球紧，无球松"；同时针对对手的具体情况（如个人特点和离球、离篮的远近），抢占有利位置，积极移动，进行抢、堵，控制对手的行动，破坏对方进攻配合。半场人盯人防守分松动和扩大两种形式。一般来说，对外围中投不太准而篮下攻击力量较强的对手，采用"松动"形式，反之则采用"扩大"形式。

（2）全场人盯人防守战术配合

全场人盯人防守是一种积极主动、富有攻击性的防御战术。在进攻转入防守后，立即在全场积极地阻挠对手移动、接球和投篮。这种战术不但能破坏对方有组织、有计划的战术配合，提高比赛速度，而且能促使对方失误。目前，常用的全场紧逼人盯人防守队形有"1—2—1—1""2—1—2""2—2—1"等。

第二节 排球

排球运动是一项两队对抗，每队6人，分两排站位，以中间球网为界，根据规则以身体任何部位击球过网而决定胜负的球类运动。

排球运动1895年由美国人威廉·莫根发明，最初是在室内网球网两边用篮球胆拍来拍去使球不落地的一种游戏，取名Voleybal，意为"空中飞球"。排球运动经历了多种发展形势，最初为16人制排球（每排4人，按4排站位），后来演变成12人制（每排4人，分3排站位）和9人制（每排3人，分3排站位），以及全今的6人制排球。因为它是按排站位打球的，所以中国人称之为排球。

1947年4月，国际排球联合会在法国巴黎成立，现在已成为拥有178个会员国的体育组织。1949年首届世界排球锦标赛在布拉格举行。1964年排球运动被正式列为奥运会的比赛项目。目前世界性的比赛有：世界排球锦标赛、世界杯排球赛、奥运会排球赛和世界排球联赛四大类。

一、排球基本技术和练习方法

排球技术有两种：一种是有球技术，包括传球、垫球、扣球、发球和拦网；另一种是无球技术，包括准备姿势、移动、起跳及各种掩护动作等。

（一）准备姿势和移动

准备姿势和移动是排球运动中各项技术的基础技术。任何一项排球技术在比赛中运用的效果，在很大程度上取决于准备姿势和移动技术。

1. 准备姿势

两脚支撑的位置：两脚左右开立，略比肩宽。站左半场的队员，左脚在前（约一只脚的距离），右脚在后；站右半场的队员，右脚在前，左脚在后；站在场中央的队员，两脚平行开立比肩稍宽。

身体基本姿势：双目注视来球，两膝弯曲并内扣，膝部的垂直面超出脚尖，脚跟提起，身体重心的着力点在前脚掌拇趾根部，上身前倾，两肩的垂直面超出膝部。手的位置：两臂自然弯曲，并置于胸腹之间，两手心相对，手指自然张开。

2. 移动

移动是接好球的重要条件。无论任何方向的来球，身体必须面对来球的方向。因此，要尽快地移动取得好位置，做好接球前的准备姿势。通常采用的几种移动步法是：滑步、交叉步、跨步、跨跳步、跑步、后退步等。

3. 练习方法

（1）学生集体做准备姿势，强调两脚的位置；

（2）原地跑或慢跑中，看教师发出的信号，迅速做准备姿势；

（3）学生在准备姿势的基础上，看教师手势做向前、后、左移动；

（4）两人一组，一人抛球一人按步法要求移动接球；

（5）各种形式的移动接力。

（二）发球

发球是比赛的开始，同时也是进攻的开始。现代的发球技术已越来越具有强大的攻击能力。攻击力强的发球不但可以直接得分，更主要是可以破坏对方的接发球，削弱对手进攻威力，减轻我方的防守压力，取得比赛的主动权。

1. 基本技术

所有发球技术的动作结构是相同的，但根据不同的发球技术又有不同的技术特点。发球技术的动作结构可以分为准备姿势、抛球、击球手形、挥臂击球四个技术环节。发球的种类很多，不管采用哪一种发球，要想把球发好，必须要注意以下几点：第一，抛球稳：抛球是基础，要求掌心向上平稳地把球抛起。每次抛球的高度和身体的距离应基本固定。第二，挥臂快：手臂的挥动速度与球的飞行速度成正比，手臂挥动快，则球的速度快。第三，击球准：用力方向必须和所要发出球的方向相一致。第四，正确的手法：击球手法不同，发出球的性能也不同。不同的发球种类应使用不同的击球方法。

（1）正面下手发球

这种发球方式简单易学，失误率较小，但速度慢，力量小，攻击性差，适用于初学者。发球前，面对球网，两脚前后站立，左脚在前，右脚在后，两膝微屈，上身前倾，左手持球置于腹前，右臂自然下垂。发球时，左手将球在体前右侧抛起，离手20~30厘米。在抛球的同时，右臂向后摆动。击球时，右脚蹬地，身体重心前移，右臂伸直，以肩为轴，向前摆动到腹前，用虎口或掌根击球的后下部。随着击球动作重心前移，迅速入场。

（2）侧面下手发球

①准备姿势：左肩对网站立，两脚左右开立，与肩同宽，两膝微屈，上身稍前倾，重心落在两脚间或稍偏右脚，左手持球置于腹前。

②抛球：左手将球抛至胸前，约离身体一臂之远。

③击球：在抛球的同时，右臂摆至右侧后下方，手指微屈而紧张，利用右脚蹬地和向左转体的力量，带动右臂向前摆动，在腹前用全掌击球的后中下部，将球击出。击球时，手臂要伸直，眼睛要看球。

（3）正面上手飘球

发球前在发球区选好位置，面对球网站立，左脚在前，右脚在后，重心落在后脚上。左手持球置于胸前，观察对方的站位布局，选定最佳落点。

发球时左手将球平稳地向右肩的前上方抛起，高度要适中。在抛球的同时，右臂抬起，并屈肘后引，五指并拢，指尖朝上，手腕保持一定的紧张度。

击球时利用蹬地转体的动作带动手臂有力地向前上方挥动，重心随之移至左脚，以手掌根击球的后中下部，击球的力量要集中、迅猛，击球的作用力通过球的重心使球不旋转地向前飞行，击球结束时手臂要有突停动作。击球后，右脚随着击球动作自然前移，迅速进场。

（4）勾手大力发球

这种发球的特点是力量大，弧度平。由于球向前旋转，从而加快了球的下落速度，容易造成对方措手不及，有较强的攻击性，但这种发球需要很好的体力，技术要求高，掌握不好容易造成发球失误。

发球前左肩对网站立，两脚开立与肩同宽，两膝微屈，重心落在脚与脚之间。双手持球于腹前。发球时，双手将球平稳地抛至头的左前上方，高约1米。在抛球的同时，右腿稍屈，重心移至右脚上，上身向右倾斜并转动，同时右臂向右后倾摆动，抬头看球。随后右腿用力蹬地，利用挺胸及转体的动作带动手臂向上挥击。

击球时迅速收胸、收腹、转体，身体的重心移至左脚上。击球的手臂要伸直，并要协调、自然地向上做弧形摆动，击球的手掌应放松，用全掌击中球的后下部，并利用手腕的推压动作使球向前旋转。球发出后，顺势迅速进场。

2. 练习方法

（1）徒手练习。按照动作方法要领，让队员做徒手模仿练习，或做击固定球练习。

（2）抛球练习。右手持球练习向上抛起（掌心向上，平稳抛起，球不旋转）。根据发球的性能，抛球的高度和落点要合适。

（3）两人一组短距离不上网对发。

（4）抛击配合练习。近距离对墙发球，体会发球时抛球与击球的配合。

（5）上网发球。两人一组隔网对发，距离由近到远，直至发球区内，体会击球用力和动作连续性。

（6）分两组端线后发球比赛，看哪一组积分多。

（三）垫球

垫球是排球的基本技术之一，是接对方进攻性击球的主要技术动作，是组织进攻和反攻战术的基础。因此，提高垫球技术的熟练程度和运用能力，是争取胜利的重要条件。

1. 基本技术

（1）正面双手垫球

正面双手垫球适合接速度快、弧度平、力量大、落点低的各种来球，在接发球和后排防守时广泛采用，是各项垫球技术的基础。

①准备姿势：做好准备姿势，迅速判断，及时移动，正面对准来球方向。②击球手形：两手掌根紧靠，两手手指重叠合掌互握，两拇指平行。两臂自然伸直，手腕下压，小臂外展靠拢，手腕关节以上的前臂形成一个垫击的平面。③击球动作：击球时，蹬腿提腰，含胸提肩，压腕抬臂等动作密切配合，手臂迅速插入球下，将球准确地垫在手腕以上 10 厘米的小臂上。击球时，两臂保持平衡固定，身体和两臂自然地随球伴送，以便控制球的落点和方向。④手臂角度：手臂角度对控制球的方向、弧度和落点有很大影响，应根据垫球距离和入射角等于反射角的原理加以调整。

正面双手垫球应掌握插、夹、提三个动作要领。插：两臂伸直，插到球下。夹：两臂夹紧，含胸收肩，用两前臂的平面击球。提：提肩送臂，身体重心随出球方向前移。垫击过程中要做好移、蹬、跟三个环节。移：快速移动，对准来球。蹬：支撑平稳，两腿蹬起。跟：随用力方向，腰紧跟其后。

（2）体侧垫球

来球飞向体侧而来不及移动对正来球时，要采用侧垫。侧垫时切忌随球伸臂，这样会造成球蹭手而向侧方飞出，应先用两臂到侧方截击来球。还应注意两臂不要弯曲，以保持击球平面，否则会因手臂不直或两臂间距离太大而垫不好球。

（3）背垫

背垫就是背向出球方向击球。背垫时，要清楚出球的方向、距离。用力时，要抬头后仰，两臂伸直向后扬臂。

2. 练习方法

（1）徒手模仿。先做原地垫击模仿动作，然后做徒手移动后垫击模仿动作。

（2）垫固定球。一人双手持球于胸前，另一人原地或移动后用垫球动作击球，体会手臂击球部位和全身协调用力。

（3）两人一组，一抛一垫。两人距离由近到远，先是一人抛，一人原地垫，然后是一人抛，一人移动垫。

（4）对墙连续自垫。对墙垫时，要求手臂角度固定，用力适当，控制球的高度，用蹬腿动作发力，注意身体协调用力。

（5）转换方向垫。三人一组成三角形，一人抛球，一人变方向垫球，另一人接球或传球给抛球者，循环往复。

（6）两人相距7~8米，一发一垫。

（7）两人相距5~6米，第一次把球垂直垫起，第二次把球垫给对方，连续进行。

（8）三人一组相隔10米以上，一发一垫一调，做若干次轮转。

（四）传球

传球是用手指和手腕的弹力进行上手击球的技术动作，是排球的最基本最原始的击球方法，在比赛中主要用于衔接防守和进攻。可广泛用于接发球、二传等。

1. 基本技术

传球的方式很多，有正面传球、背传、侧传、跳传。其技术环节可分为：准备姿势、迎球、击球点、手形、击球时的用力几个部分。

（1）双手正面传球

准备姿势：正面对准来球，两脚开立，比肩宽，一脚在前，两脚尖适当内收，脚跟稍提起，两膝稍屈。两肩放松，眼睛注视来球方向，两手自然弯置于胸腹前。手形：两手手指自然张开，掌心相对，手指微屈成半球状，手腕稍后仰，以拇指、食指、中指托住球的后下部，无名指和小指在两侧辅助控制传球的方向。拇指相对成一字形或八字形置于额前。

击球时的用力：传球时，利用蹬地、伸膝、展体和伸臂的动作，以拇指、食指、中指发力，无名指和小指控制住球的方向。触球的瞬间，手指和手腕应保持有一定的紧张程度，用手指和手腕的弹力以及身体和手臂的协调力量将球传出，用力一定要协调一致。传球距离较近时，手指、手腕的弹力较多；传球距离较远时，必须加强蹬地展体的力量。

（2）背传

背传是传球的基本方法之一。在比赛过程中，使用背传技术能达到出其不意、迷惑对方的目的，使战术多样化。

准备姿势：上身比正面传球时稍直立，身体重心稳定在两脚之间，双手自然抬起，放松置于脸前。

迎球：双手上举，挺胸，掌心稍向上，手腕稍后仰。

击球点：保持在额上方。

手形：与正面传球相同，拇指托球的后下部。

击球时的用力：利用蹬地、上身后仰、挺胸、展腹、抬臂及手腕和手指的弹力将球向身体后上方送出。

（3）侧传

身体不转动，主要靠双臂向侧方伸展的传球动作叫侧传。侧传有一定的隐蔽性。侧传的准备姿势、迎球动作与正面传球相同，击球点保持在脸前或稍偏于出球方向一侧。传球手势与正面传球相同，但倾向出球一侧的手臂要低一些，另一侧则要高一些。用力时，蹬地后上身要向出球方向倾斜，双臂向传出一侧用力伸展，一侧手臂动作幅度较大，伸展较快。

（4）跳传

跳起在空中做传球动作叫跳传。跳传有原地跳、助跑跳、双足跳、单足跳等动作。起跳最好是向上垂直起跳，不宜向前或向侧冲跳。起跳的关键是掌握好起跳时机，起跳过早或过晚都会影响到传球的质量。

起跳后双臂上摆至脸前，身体在空中保持平衡。当身体上升到最高点时，靠伸臂动作和手腕、手指的弹力将球传出。

2. 练习方法

（1）徒手模仿传球动作。做好准备姿势，蹬地、伸臂，模仿传球推击动作，领悟动作过程。

（2）体会击球点与手姿。每人一球按照传球的击球点与手形，摆在额前，然后另一人将球拿掉，看手姿是否正确，击球点位置是否合适。

（3）传球的协调用力。两人一组，持球人拿球在合适的击球点做好传球的手形，另一人用单手压着球，持球者用传球动作向上推送球，体会全身协调用力。

（4）贴墙传球。每人一球，贴墙站立，用传球手姿拿好球，肘关节贴墙，用传球动作向墙传球，体会传球手形、击球点和手指、手腕的传球用力。

（5）对墙传球。距离由近至远，体会传球用力。

（6）向上自传。个人进行，先原地传，后移动传；先传低球，后一高一低传。

（7）两人一组，一人抛球，另一人传球。先抛准球，让传球人原地传；后两侧抛球，让传球人移动传。

（8）两人对传。可以一固定，一移动，或自传一次，再传给对方等。

（9）跑动传球。三人或三人以上成纵队跑动传球。

二、排球基本战术

战术是指比赛双方运用进攻与防守的对抗，并结合临场的变化，合理地运用技术，有组织、有针对性地配合行动。一个球队的战术水平往往反映着该队的技术水平，因为只有全面、准确、熟练地掌握了基本技术，才可能形成好的战术。排球基本战术分为个人战术和集体战术两种。

（一）阵容配备

阵容配备是合理地搭配本队队员的一种组织手段。阵容配备有三种形式。"三三"配备：由三名进攻队员和三名二传队员组成，此种形式的战术形式简单、攻击力弱，适合初学者。

"四二"配备：由两名主攻队员、两名副攻队员和两名二传队员组成。队员分别对角站立。这种阵容配备便于采用"中一二"和"边一二"进攻战术。前排始终保持两名进攻队员和一名二传队员，这样能够组织多种战术配合，充分发挥本队的进攻力量。

"五一"配备：由一名二传队员和五名进攻队员组成。这种配备形式攻击力强，能组织多种战术体系。二传队员在前排时，能组织"中一二""边一二"进攻战术。二传队员在后排时，可采用插上战术，保持前排三点进攻。具有一定水平的队多采用此种阵容配备。

（二）交换位置

为了解决某些轮次进攻和防守力量的搭配及阵容配备上的某些缺陷，以便有效地组织攻防战术，规则允许在发球击球后，双方队员可以在本场区内任意交换位置。交换位置的主要目的是为了充分发挥每个队员的专长，以取得扬长避短的效果。前排队员之间的换位，主要是为了便于进攻战术的实施和拦网实力的调整。前后排队员之间的换位，主要是为了保持前排三点进攻。后排队员之间换位，是为了加强后排重点部位的防守。

（三）信号联系

排球运动是一个集体项目，在实现快速多变的进攻战术时，必须通过信号联系才能统一行动。一个队的战术信息力求简单、清晰、本队队员明了。

语言联系：使用语言直接进行联系。

手势信号：通过事先约定的各种手势，进行规定的战术配合。

落点信号：根据起球后的落点，作为发动某种进攻的信号。

综合信号：以手势信号为主，辅以落点信号、语言信号以及教练员的暗示等。

（四）"自由人"运用

合理地选择并运用"自由人"是战术运用的一个方面。"自由人"专司接发球和后排防守，其上下场之间只需经过一次发球比赛过程，换人不计为正规换人次数，且次数不限。因此，选择接发球和后排防守技术高超的队员作为"自由人"，能大大提高全队的防守水平。"自由人"又可在当前排进攻、拦网队员体力下降需要休息，并轮到后排时替换上去，所以，合理地运用"自由人"能大大提高全队的进攻水平。

第三节　形体训练

形体训练是以身体练习为基本手段，匀称和谐地发展人体，塑造体型，培养正确优美的姿态和动作，增强体质，促进人体形态更加优美的一种运动方式。形体艺术训练则是以人体科学为基础的形体动作训练，是以提高练习者形体的灵活性和艺术表现力为目的的形体技巧训练。它既注重外在美的训练，又注重内在美的陶冶。练习者在旋律优美的乐曲伴奏下，经常性地进行形体艺术训练，可使身心得到更全面发展，有利于培养健美的体态和高雅的气质，使其形体富有艺术魅力。

形体训练内容丰富，形式多样，从运动方式来看，其训练内容分为：徒手练习、持轻器械练习、专门器械上练习三大部分。其中，徒手练习又分为：基本姿态练习、基本动作练习、把杆练习。

一、人体运动的方位与方向

（一）基本方向

人体运动的基本方向是根据人体直立时的基本方向确定的。

向前：朝着胸部所对的方向运动。

向后：朝着背部所对的方向运动。

向侧：朝着肩侧所对的方向运动。

向上：朝着动作开始时头部所对的方向运动。

向下：指朝着脚底所对的方向运动。

（二）中间方向

中间方向是指两个基本方向之间 45°的方向，主要说明上、下肢动作的方向。

（1）前、后与上、下基本方向之间 45°的方向构成的中间方向

前上：手臂前举与上举之间 45°的方向。

前下：手臂前举与下垂之间 45°的方向。

后上：手臂后举与上举之间 45°的方向。

后下：手臂后举与下垂之间 45°的方向。

（2）侧与上、下基本方向之间 45°的方向构成的中间方向

侧上：手臂侧举与上举之间 45°的方向。

侧下：手臂侧举与下垂之间 45° 的方向。

（3）侧与前、后基本方向之间 45° 的方向构成的中间方向

侧前：手臂侧举与前举之间 45° 的方向。

侧后：手臂后举与下垂之间 45° 的方向。

（三）斜方向

斜方向是指两个中间方向之间的 45° 方向。

前斜上：前上与侧上之间 45° 的方向。

前斜下：前下与侧下之间 45° 的方向。

后斜上：后上与侧上之间 45° 的方向。

后斜下：后下与侧下之间 45° 的方向。

（四）四肢相对的方向

向内：四肢由两侧向中线的运动。

向外：四肢由中线向两侧的运动。

同向：不同肢体向同一方向运动。

反向：两个肢体向相反方向运动。

（五）场地的基本方位

为了准确的说明练习者在场地上的运动方向，通常把开始确定的某一边（主席台）定位为基本方位的"1 点"。按照顺时针方向，每 45° 为一个基本方位，将场地划分为 8 个基本方位。1 点：正前方；2 点：右前方；3 点：右侧方；4 点：右后方；5 点：正后方；6 点：左后方；7 点：左侧方；8 点：左前方。

二、形体训练的基本动作

形体美的基本动作是进行形体练习的基础，它在形体锻炼中起着至关重要的作用。形体基本姿态的训练，是以人体科学为基础的形体姿态训练，是对练习者身体形态进行的基础、系统的专门训练。练习者通过对身体各个部位形态的基本训练，可适度改变身体形态的原始状态，提高形体动作的灵活性和优美性，增强站姿、坐姿、走姿及姿态动作的规范和美感。

（一）脚和腿的基本动作

1. 自然站立

站立是最基本、最重要的基本姿态，也是形态训练中最基础的内容。正确的站姿训练，

可以改变练习者身体形态的原始状态，使其站立的姿态更优美、端庄。动作做法：两脚跟并拢，脚尖分开15~20厘米的距离，身体重心落在两脚之间；臀部肌肉收紧，收腹立腰，挺胸，颈部伸直，抬头并略收下颌，两臂自然下垂，手略呈圆形，表情自然。

2. 开立

在进行上肢练习的过程中，大多数时间需要练习者保持两腿开立的姿势，以便稳定身体的重心。开立是在自然站立的基础上，调整两脚之间的距离。

动作做法：两脚向侧分开站立，两脚开度大约与肩同宽；脊背挺直，挺胸立腰，收腹提臀；注意身体的重心向上，而保持双肩的下沉。

3. 脚点地立

进行脚点地立的各种练习，是练习者在身体重心置于单脚时，有效提高身体稳定性和控制力的一种锻炼方式，重点强调身体的有效控制和上肢基本姿态的保持。

动作方法：一脚站立，另一脚向前、向侧、向后伸出，脚尖点地。注意前、后点地时需脚尖绷直、脚面朝外；侧点地时脚尖绷直、脚面朝上。

4. 芭蕾舞脚位

动作做法：

一位脚：两脚跟并拢，脚尖向外侧打开，两脚成一横线。

二位脚：两脚跟相对，左右分开相距一脚，脚尖向两侧打开成一横线。

三位脚：脚尖向外侧打开，前脚外侧与后脚内侧重叠一半站立。

四位脚：两脚尖向外侧打开，前后平行，两脚间距离约一脚。

五位脚：两脚尖向外侧打开，前后平行重叠相靠。

（二）手臂的基本动作

1. 两臂同方向的举

前举：两臂前举至水平，同肩宽，掌心向下、向上或相对。

侧举：两臂向两侧抬起至水平，掌心向上、向下或向前。

上举：两臂上举至垂直部位，掌心向前或相对。

前上举：两臂向前抬起至前上45°方向，掌心向上或向下。

前下举：两臂向前抬起至前下45°方向，掌心向上或向下。

侧上举：两臂向各自的侧方抬起至侧上45°方向，掌心向上或向下。

2. 两臂不同方向的举

一臂前举，另一臂前上举。

一臂前上举，另一臂后下举。

一臂侧上举，另一臂侧下举。

一臂后上举，另一臂前下举。

动作要求：所有手臂举的动作方向要正，部位必须要准确，手臂必须伸直，肩部放松，身体姿势同站立动作的基本要求。

3. 芭蕾手臂的基本位置

一位：两臂于体前成弧形，掌心向内，指尖相对，手臂稍离开身体。

二位：两臂保持弧形前举，稍低于水平位置，掌心向内，指尖相对。

三位：两臂保持弧形上举，位置稍偏前，掌心向内。

四位：两臂成弧形，一臂上举，一臂前举。

五位：两臂成弧形，一臂上举，一臂侧举。

六位：两臂成弧形，一臂前举，一臂侧举。

七位：两臂成弧形侧举，掌心向前。

第四章 体育教学概述

第一节 体育教学的概念和性质

一、体育教学的概念

（一）教学的概念

为了更好地理解体育教学的概念，首先可以先对教学的概念进行分析。总的来看，对教学的概念的理解可以分为广义和狭义两个方面。

从广义的角度来看，教学是一种在某种特定形式下开展的教育活动。在这一活动中，负责传授某种知识或特定技能的教学者对受教者进行教育，从而让受教者获得这种知识或技能的活动。其中的教学者可以是教育者，也可以是某种知识的掌握者，所教授的内容可以是一种知识，也可以是某种技能。

从狭义的角度来看，教学是指单纯的学校教学，它由教师和学生两个教学主体协作完成，是以特定文化为对象的教与学相统一的活动。在教学活动中，教师扮演着组织者和指导者的角色。在新时期，有关教学的基本观念是，教学是教与学的统一，教融入学中，而学有教的组织引导。

通过对教学两个方面的概念理解之后，基本可以总结出教学的概念为其是在教育目的的规范下，教师的教与学生的学共同组成的一种教育活动。

（二）体育教学的概念

在分析了教学概念之后，再将其与体育教学相结合，就基本能够认定体育教学的概念。由此可见，体育教学与教学有着很多相似的地方，它也是一种有目的、有计划、有组织地对学生传授知识和技能，发展智力和体力，培养品德和形成个性的教育过程。只不过其教学的内容为体育相关知识与技能，当然教学方法也与其他学科的教学方法有所不同。

体育教学并不是一种随意的、随心而行的教学活动，更不是完全的做游戏和娱乐活动，它需要很多要素的构成才可以正常、合理、科学地开展。一般来说，体育教学主要由以下八个基本因素组成：

1. 学生

学生是体育教学的主体之一，没有学生就不存在体育教学，没有学生就没有组织教学。总之，学生是体育教学中的主体因素，也是最活跃的因素。

2. 教师

教师是体育教学的主体之一，没有教师不可能存在体育教学，没有教师就没有体育教学中的"指导和组织者"。在现代体育教学中，体育教师已经不再是过去那种课程的忠诚执行者角色，而是在完成现有课程教学的基础上还要成为体育课程的建设者和开发者。

3. 教学环境

教学环境是支持体育教学顺利开展的各种软件、硬件条件的综合。良好的教学环境对体育教学有着积极的影响。体育教学中对于一些运动项目的教学对场地条件和设施有着更高的要求，相比其他学科的教学来说，体育教学对教学环境的要求更高。

4. 教学目标

教学目标是教师开展体育教学的基本依据，体育教学没有了目标就变成了无头苍蝇，难以获得向前发展。在体育教学实践中具有多层次的体育教学目标，它们是体育教学中的定向和评价因素。

5. 教学内容

教学内容是由内容的实体（课程）和内容的载体（教科书）共同组成的，它们是体育教师根据社会的要求、学科的体系和学生的需要选编出来的。没有教学内容，体育教学就显得格外空洞化了。

6. 教学过程

教学过程是教学的最中心因素，没有了体育教学过程，体育教学也就没有了时间和程序上的支撑，因此也就无从谈起教学的组织和管理。

7. 教学方法

教学方法与目标、教师、学生等因素有着密切的关系，它是教师根据教学目标和学生的学习情况所选择的有效的教学技术和手段，其中包含帮助学生理解学习内容的各种信息及其传递方式。

8. 教学评价

教学评价与教学目标、教师有着密切的关系，它是教师根据具体的教学目标制定出的各种评价、考核指标，这些指标既包括教师的教学工作，也包括学生的学习情况。

综上所述，便可以总结归纳出体育教学的概念，即是指在学校教育中，由体育教师和学生协同完成的以传授体育知识和体育技能为手段，以增进学生身心健康，提高身体活动能力、自然和社会环境适应能力，培养良好的思想品德，促进个性发展为目标的教育过程。

二、体育教学的性质

在了解了体育教学的概念后,就要对其另一项基本知识进行研究,这就是关于体育教学性质的问题。事物的性质是与其他事物区分的最明显差异。性质不同的两种事物其带来的表象自然有一定的区别。就体育教学来说,正是因为它本身所具有的体育教学性质,才能明显区别于包括数学、语文、英语、艺术等其他各类学科。

因此,通过归纳可以找到体育教学的诸多特征,如它的教学地点多为户外;教学中师生都要承受一定运动负荷与心理负荷;教学过程是身体活动与思维活动的结合体,并且有比较频繁的人际交往;体育教学侧重于发展学生身体时空感觉以及运动智力;教学更加关注学生自我操作与体验等。

在体育教学活动中,最重要的一个形式就是对运动技能的教学,它是体育育人的主要方式。对于运动技能的传授也是体育教学与其他学科教学的主要区别之一。仔细来看,运动技能的形成要经历几个步骤才能最终实现,具体包括动作的认知阶段、联系阶段与完善阶段。在认知阶段中,学生与知识、技能之间的联系最为密切,它的主要目的就是学生对所学技能的结构、要素、关系、力量、速度等要素进行表象化的认识。由于运动技术是学生完成动作的方法,因此可以认为运动技术不具有人的特性,而只是作为一种"知识",或称为"操作性知识"。

综上所述可以断定,体育教学的本质应该是一种针对运动技术和知识的教学。当学生学会了运动知识并将之转化为运动技能后,体育教学的本质就达成了。当然,活动地点大多在户外的条件也是体育教学区别于与其他教学的特征之一,但现代体育教学场所通常在室内的场馆也非常多见,如果坚持把"户外"作为条件之一,未免有些不严谨和片面。

第二节　体育教学的特点和功能

一、体育教学的特点

体育教学与其他学科教学有许多相似的特点。首先它们的共性在于都属于教师与学生的双边活动,这是所有教学活动的共性,教师与学生在教学活动中发生的各种形式的交流都非常频繁,如语言上的交流和肢体动作的交流等。过往这种交流更多的是从教师向学生的方向,现代教学同样也注重使这种交流从学生向教师的方向,不过教学仍旧依靠教师对学生在某种知识和技能方面的传授。其次,以班级为单位开展教学活动也是共性,只不过有些时候这个班级的组成方式会根据不同需要有不同的编排，如可以根据基础的自然班，或是根据学生的不同兴趣组成的体育教学班等。最后，体育教学与其他学科教学的目的都是一样的，即都是为了传授某种知识或技能。

参加体育活动对学生身心发展具有很好的作用，特别是对正处在身体发育旺盛期的青少年及儿童来说具有更加重要的意义。在结合体育教学的性质后，可以把体育教学独有的特点归纳为以下几点：

（一）教学过程的直观性

体育教学过程拥有直观性特点。这种直观性有多种体现，如体育教师对体育教学内容的教授除了要达到与其他学科教师讲解要求一致外，还要求体育教师的语言更加生动，并且要富有一定的肢体表现能力，以使学生有形象、贴切、有趣的感觉。在某些拥有较难技术动作的体育运动教学中，教师一方面要把传授的重点进行艺术性的描述，另一方面要用生动的语言、巧妙的解释方法把复杂的技术动作简单化，提升学生对学习成功的自信心，加深学生对教学内容的感知。

实际上，体育教学过程中的每一项内容都具有直观性特点。除刚才说到的课堂讲解，在实践演示中也是如此。在教师运用示范法时，需要运用非常直观形象的动作示范，其中包括正确动作的演示和错误动作的演示，这些演示都是非常直观地展现在学生眼前，并没有一丝做作。这样才会使学生从感官上直接感知动作的正确与错误，以利于他们建立正确的、清晰的运动表象。当学生获得正确表象后，才能使之与思维相结合起来，从而达到掌握体育知识、技术和技能的目的，同时，还发展了自身的观察能力和形象思维能力。

从体育教学组织与管理过程方面，也能够看到直观性的特点。鉴于教学过程的直观性，教师的行为也应该带有直观性，如要更加富有责任心、为人师表、德高望重，这对学生的身心也是一种无形的教育。另外，直观性特点使得学生在课堂上的表现都是最真实的、最直接的，任何伪装在体育教学活动中都是毫无意义的，因此学生在教学中表现出来的言行都是他们最为真实的一面。这就非常有利于体育教师对学生的观察与帮助，有利于教师获得正确的教学反馈。

（二）体育知识的传承性

体育是以身体锻炼为主要形式的教育活动。如果从教与学的角度来说，可以将体育知识形容成一种"身体的知识"。这种知识伴随着人类的发展而发展，在不同时期都有它的发展形势，如在原始社会，身体的知识就是人类通过走、跑、跳、投、打等动作捕获猎物或逃避猛兽的追捕等行为。而在现代社会中，体育知识的传承内容变成了某项体育运动或体育技能，如足球、篮球、排球、乒乓球、游泳、田径和武术等专项运动技能。

现代教育越发注重教学过程中学生的主体性作用和"以人为本"的教育理念。人们对这种理念的追求使得人类自我知识的归类不仅代表了体育教学的特殊性，还给予了体育教学知识传承的特殊意义。从这个层面来看，这种体育教学所传承下来的体育知识已经超越了简单的模仿行为，而将更多的相关文化也融入其中来。这些体育文化才是体育运动、体育教学等获得长久传承的动力和灵魂。

（三）身体活动的常态性

体育教学与其他学科教学的最大不同就在于在体育教学过程中充满了对身体活动的要求。在体育教学中，几乎所有内容都涉及身体活动，或者是为即将到来的身体活动做准备的活动，就是对作为"身体知识"的体育教学的最好诠释。在体育教学过程中，不仅是学生要进行具有一定运动负荷的运动外，教师在做示范、做指导和参与到组队教学赛中也需要付出不少体力。所以体育教学身体活动常态性的特点不止针对学生，它包括所有体育教学主体。

由此可见，在体育课堂教学过程中，教师与学生的身体操练非常频繁，这种几乎与常态化的特点成为体育教学非常显著的特点。与之相比，其他学科的教学必须要在教室（实验室、多功能厅）进行，且要保持相对的安静，这样才能激发学生的思维并产生很好的学习效果。而体育教学却刚好与之相反，其教学的地点多为户外或专用运动场馆，普遍较为宽阔，而且在大多数时间的运动技术练习环节并不需要保持安静，学生与学生之间、学生与教师之间都可以随时有相关的交流和沟通，如此才更有利于对运动技术的学习与教导。

（四）身体与心理统一性

在许多人的概念中，身体与心理是两种不同的事物，彼此间并没有很多的交集。实则不然，现代科学研究发现，身体健康有助于改善心理健康，而心理健康与否也可以影响身体健康。另外有一种观点认为开朗的人热爱体育运动，而事实上则是因为人参加了体育运动，才开始变得开朗、阳光。这就是典型的运动改变心理的事例。因此，在体育教学活动中就充满了身体与心理统一的特点。

体育教学在乎对人身体的改造，与此同时它还强化人的心理与多种适应能力的发展。而在其他学科的教学中便无法达到这样的效果，这主要在于体育教学营造了不同种类的教学情境，这种情境表现出了十足的阳光、生动、积极、外露以及直观的感觉。一系列积极的情境才使得参与其中的人在潜移默化中受到感染，以此为学生的心理与社会适应能力的健康发展提供了良好的环境。

由此可以说，在体育教学中，人的身心发展看似是多元化的，但实际上是一种一元化的锻炼，即达到身体与心理的共同拓展和发展，表现出十足的统一性。身体发展是基础，心理发展依赖于身体的发展而存在，心理的发展同时促进身体的发展。具体来看，在体育教学中人的身体与心理的统一性主要体现在以下两个方面：

1. 体育教学的教材内容选择要注重身体与心理统一

体育教学内容是体育教学活动的依据。教学内容的好坏将直接影响教学效果。因此，为了体现出体育教学身心统一的特点，首先就要从教材选择环节开始，也就是说，选择的教学内容要对学生身体各部分、各种运动能力和各种身体素质的积极影响，而且要注重教材对学生心理及其社会适应力的影响，所选教材的编排要符合该年龄段学生的心理特点，除此之外，还要满足其美学、社会学等其他方面的要求。

2. 体育教师选择的教学方法要注重身心统一

由于与其他学科教学相比增加了更多的内容，因此，相应地，体育教学的方法也就更加丰富。选择体育教学方法主要是由体育教师进行的，为了使体育教学保有身心统一的特点，体育教学方法的选择就要关注到这方面的内容。通常为了体现这一特点，体育教师选择的教学方法都要遵循与学生年龄段相适应的身心变化规律，使学生在经常进行的体育教学活动中学习到正确的体育技术和技能，学生掌握这些技能的成长曲线并不是一路上涨的，而是有忽高忽低、忽快忽慢的过程和起伏变化的。另外，体育教学方法的选择还应符合学生的心理特点和年龄特点。与对体育技能学习的规律相似的是，学生在接受教学的同时其心理活动也呈现出波浪式起伏的曲线现象。这种生理、心理负荷波浪式的曲线变化规律，体现了体育教学鲜明的节奏性和身心的和谐、统一性。因此，要想选择正确的、适合学生身心发展的体育教学方法，体育教师就必须根据学生的这些诸多身心特点安排，如此才能在促进学生身体发展的同时，有效激发学生的积极性和兴趣爱好，更有效地发挥体育教学的功能。根据不同阶段学生的身心特点选择恰当的教学方法也是评判一位体育教师综合水平高低的重要依据之一。

（五）教学内涵的优美性

体育教学内容是非常丰富的，它会涉及多种与体育相关的内容，不仅仅限于球类运动、游泳、田径，还包括如体育舞蹈、瑜伽等内容。通过对这些内容的学习，学生可以普遍从中体会到源自体育的丰富情感，这种情感几乎都从"美"中而来。

体育教学内容丰富的情感性首先体现在体育教学过程中，师生可以体会到只有体育才能赋予人的人体美和运动美。学生通过接受体育教学，掌握体育健身的方法和技能，以此达到运动塑身的效果，使身体外在形态保持优美的线条和良好的身材比例，同时在运动中，可以看到人体不同的动作展现出的动作美和肌肉的动态美，这种美只有在运动中才能看到，是极为外显的美。在内在精神方面，体育教学也蕴含着"美"的元素，如学生为了争取比赛的胜利而表现出的不畏强敌、奋勇争先的精神，在关键时刻始终保持冷静的心态，或是在运动过程中表现出谦虚、文明和有道德的风度等。

既然有美的存在，那么就要有欣赏美的人和能够欣赏美，懂得如何欣赏美的能力。每一项运动都向人们表现出了不同的美的特点和审美特征，如球类运动可以表现个人对球类技术的掌握能力，集体球类项目中除了个人能力外，还包含了与队友之间的协作和互助精神。这些内容都是人类积累下来的体育知识与技能，体育教师通过科学的概括和提炼，将其精髓传授给学生，意在使学生也能感受到体育中蕴含的美，并学着去享受它、感悟它。体育之美首先给人的最大作用就是陶冶情操，平衡人们的心理状态。其次，体育教学是一种创造性的社会活动，其创造的成果就是让学生获得内在的顿悟和精神上的启迪。同时，体育教学中教师和学生之间有一条无形的通道联系着，构成了教与学的系统。教师在传授知识的过程中，伴随着师生间丰富而真诚的情感交流。

（六）客观条件的制约性

正是因为体育教学涉及的内容较多，再加上与之相关的构成要素也同样较多的缘故，也就使得体育教学会受到更多客观条件的制约，而这也是体育教学不同于其他学科教学的一大特点。具体来说，体育教学活动受到的制约主要有体育教学场地条件、器材、气候、学生运动基础、学生其他基本情况(年龄、性别、生理和心理特点)等。这些因素都会影响体育教学质量的高低。

学生是体育教学的主体之一，是体育知识与技能传授的受众者。从这个角度来看，学生的诸多情况会对教学本身造成一些影响，因此体育教学要想进行得顺利，获得良好的教学效果，就要注重在学生的运动基础方面以及体质强弱等实际情况的区别对待。这些差异具体如男生与女生不同的身体形态、机能水平、运动能力等；根据这些差异，学校体育教育部门和体育教师在进行教学设计、教材选择和教学组织等方面的制定时就要充分考虑周全，否则不仅不能达到预期的教学效果，还可能会增加体育教学的风险。

体育教学环境是体育教学的场所。作为重要的教学载体，体育教学环境质量的高低对体育教学会产生较大影响。通过几个事例就可以很好地说明这个问题，如经常在室外开展的体育教学，如果面临的是严重的空气污染，或邻近马路带来的噪声污染，则势必会影响体育教学主体在教学活动中的状态与情绪；天气对室外体育教学的影响也是不容忽视的，这点在早年间越发明显，如遇到雨、雪、大风等恶劣天气时，体育教学被迫停止，转而来到室内进行一些体育理论课的教学，如此势必影响体育实践课的教学计划顺利展开。

综上所述，在诸多客观条件的制约下，为摆脱不利条件的影响，体育教师就要从学年的体育教学计划到具体课时计划，从教材内容选择到教学组织方法实施都必须考虑到这些客观实际与影响因素，尽量将制约因素的影响程度降至最低，提高体育教学的质量与效果。

二、体育教学的功能

（一）促进身体发展的功能

学生亲身参与体育运动实践在体育教学活动中是必不可少的。既然参与运动实践，就必然会使身体承受一定量的运动负荷。为保证学生身体的健康，运动负荷强度需要由体育教师酌情掌控。

合理的运动负荷对发展学生身体素质有极大的帮助，它对学生的机体或多或少会产生一定的刺激与影响，其影响的程度要视运动项目的内容、学生身体素质、持续运动的时间、运动间隙时间、营养补充等状态而定。不同运动项目对身体的锻炼重点也有很多区别，如足球运动对人体的耐力、爆发力、速度和灵敏度有着较高要求，游泳对人体心肺功能和协调能力有较高要求等。由此认定体育教学具有促进身体素质发展的功能是毋庸置疑的，但同时也要注意的是，如果运动负荷过大，那么体育运动不仅对身体健康没有好处，反而会伤害学生的机体。为了把握合理的运动负荷，体育教师在制订教学计划前就要对学生的普遍体质与运动基础有一个基本清晰的认识。因此，从体育教学影响身体功能的角度来说，要有效发挥体育教学健身功效，必须遵循体育教学的规律，运用科学的教法与组织形式，才能达到预期的效果。

（二）促进心理健康的功能

世界卫生组织确定的现代健康新标准中明确认定了心理健康也是评定人体健康的指标之一，我国自古也有"身心合一"的理论。经过长期的实践发现，体育教学在对学生身体产生积极影响的同时也会对学生的心理与思想产生一定影响，这方面的影响与其他学科既有共性，也有差异性。体育教学促进心理健康的功能主要是通过教师传授来实现的，因为教师的一言一行无时无刻不影响着学生的思想，因此，教师必须身体力行、为人师表，为学生做出表率与榜样。这些行为都是在潜移默化中进行的，而不是安排几堂心理辅导课。教学更为重要的作用是传授各种人类社会的道德、规范与理念，这是学生走向社会之前的必学内容。

具体来说，体育教学对学生心理的影响主要包括为个人心理与团体心理两个方面。

从个人心理方面来看，体育活动一方面可以缓解学生的学习压力；另一方面，参与体育运动就要频繁地面对成功与失败，其中失败和挫折的次数远远多于成功。由此可以培养学生在逆境中正确处理心态的能力，作为胜利者也要做到戒骄戒躁，只有具备这样的素质，才能再接再厉，获得成功。

从团体心理方面来看，学生作为体育运动团队中的一员，需要处理好个人利益与集体利益的关系，应抱有克服一己私欲，顾全大局的思维行事。

（三）提升社会适应的功能

现代社会的发展速度非常迅速，这使得人们稍有停留便会被潮流所抛弃。对于青年来说，紧跟社会潮流，并且在跨入社会后能够与之较好地融合、适应是非常关键的。这是体现人的软实力的标准之一。在体育教学中，学生之间的交往具有特殊性、外显性与频繁性，学生在多样的体育活动中会产生多种身体之间的交流，交流的同时也传播着各种体育竞赛的规则，竞赛规则就好似社会规则，需要人人自觉遵守。由此可以说，体育教学环境就像是一个微缩化的社会，这个社会赋予了学生需要遵循的各种规则与准则。若不遵循，必然受到惩罚；若表现突出，则得到表扬称赞。执行这个法则的人就是教师。因此，教师必须公正，才能对学生产生良好的影响，培养学生良好的体育道德规范，进而培养学生适应未来社会的各种道德规范与做人理念。

（四）传授运动技术的功能

在远古时期，运动技能就等同于生存技能。那时的人类通过走、跑、跳、投、打等行为捕猎和采摘，已获得生存的能量。而现代社会早已物质丰盛，对人体的要求就不再像过去那样严格。现代运动技术也演变为了丰富的体育运动技术，如球类、武术、田径和游泳等。科学研究表明，适当参加体育运动对人的身心素质提升均有较大帮助。最终，体育教学就成为传授这些运动技术的最好方式。

从具体的实践角度来分析，学生每周都要参加的体育课堂就是体育教学的最小单位，体育课堂的基本活动过程，就是体育教师以体育教学内容为依据对学生传授体育知识与相关技能的双向信息传送活动。因此，运动技术就成为体育教学的主要内容也是重要内容。运动技术不同于其他学科的学习，它不仅需要学生对运动理论知识有深刻的了解，还要身体力行地亲身参与技术练习，在无数次的重复中逐渐在脑中和身体上建立起对技术的表象反应，最终到熟悉动作以及可以在下意识的情况下做出正确的动作。因此，对于运动技能的训练，没有实践就无法学会。

对于运动技术的传授，体育教师是关键。作为运动技术的掌握者和传播者，教师在体育课中传授的是各项具体运动技术，如足球运动中的传球技术，甚至可以细分到内脚背传球技术。其他运动项目的技术传授也可以依此类推。体育教师对运动技术的传授通常都会从简单的、入门的、基础的入手，在此之后逐渐积累，循序渐进，只有从小的运动技术学起，才能积少成多，掌握整个运动项目的技术。

（五）传承体育文化的功能

体育教学并不仅是简单地对于体育运动技能和相关知识的传授活动，这些只是表面上的行为，而体育教学真正的目的在于教会学生正确的体育运动方法，使其能在未来的生活中对其身心产生持续的良好的影响，更是一种体育文化的传承。

从体育教学的系统结构视角出发，体育教学是由每周 2~3 次的体育课组合而生的一种贯穿全年的教学计划。其中根据教学周期的不同可以分为课程教学、周教学、学期教学和学年教学。比学年教学周期更长的就是小学体育教学、初中体育教学、高中体育教学和高校体育教学。

从单一——堂体育教学课的视角出发，可以把体育课中传习的各种小的运动技术累加起来，学生学到的是某个运动项目的完整技术，继续累加，就学到了各种运动技能。

综合两种视角，使得学生通过不同阶段的体育教学，学习到较为完整的运动知识、运动文化，掌握各种运动技能，从而实现体育教学传承体育文化的功能。

第三节 体育教学的原则和规律

一、体育教学的原则

原则，即人们说话办事依据的准则和标准。教学原则，则是根据各种不同的教学因素，把同类性质的因素加以科学的抽象和概括而形成原则（直观性原则、自觉性原则和教育性原则等）。体育教学原则，是体育教学过程客观规律的反映，是在长期的体育教学实践中，积累起来的，具有普遍意义的经验的总结和概括，是体育教师进行教学工作必须遵循的准则。体育教学原则与其他的原则不同。同样，体育教学与其他的教学也不等同。二者最根本的不同在于体育教学突出认识和实践。从而得出，认识和实践的有机统一是体育教学区别于其他教学过程的根本特征。然而最终的目的是，希望教师合理地运用体育教学原则，从而促进学生的身心健康全面发展。

（一）中国的体育教学原则

体育教学原则在各个不同时期均有不同的发展，不同的国家，体育教学原则略有不同，然而，大体上又一致认同。查阅文献得知从 1981 年体育院、系教材编审委员会编写的《体育理论》教材中，提出了七项教学原则。中国的体育教学原则一般有：自觉积极性原则、直观性原则、从实际出发原则、循序渐进原则、全体全面发展原则、合理的运动负荷原则、巩固提高原则。但是，随着社会的不断发展，教育学、心理学、社会学、教学论、方法论及体育科学的发展，人们对体育教学原则的认识不断加深，体育教学原则体系的研究形成多种不同的思想观念。体育教学原则不是仅仅局限在以上几种原则上，但是也并不是不赞同中国的体育教学原则。现在也是在我国在体育教学原则体系的基础上进行逐步完善，对教学实践过程的指导也越来越科学。蒋新国在《我国体育教学原则的历史演变》的论文中阐述了体育教学原则各个不同时期的完善和发展，指出了体育教学原则不再是仅仅重视体育教学的学科性、健身性以及思想性，而是开始关心学生身心健康的全面发展和人文精神的培养。然而，这也是受当时学校体育指导思想和对体育教学规律认识影响的必然结果。

（二）体育教学原则的运用

体育教学原则保证体育教学的顺利进行，所有的教学原则相辅相成。

1. 直观性原则

对于直观性教学，要求教师给予学生一个正确的直观概念。教师应抓住重点，生动形象、语言简短明了地进行讲解，可以让学生反复地进行一个动作的练习，使学生的感觉器官建立暂时的神经联系，形成正确的动作定型。比如在练习太极的过程中，太极"抱球"的手势，将这一动作传授给学生，使手掌的五指分开假设双手之间抱着一个球，我们可以运用到这一原则。对小学生而言，其模仿力较强，这一原则是最为有效的原则之一。

2. 巩固性教学原则

这一原则，有助于学生动作的熟练和形成更加标准的动作。目的就是能多加练习，形成一种肌肉记忆一样，再做到熟能生巧。比方，在篮球运动项目中，学习篮球运球、急停、转身、传接球时，为了巩固转身这个动作，可以把急停、转身、传球贯穿进去。三天不练手生，如在网球教学中，长时间不练网球发球，随之抛球的稳定性、发球的成功率均会下降，此时就需要多加练习进行巩固，这一原则尤其是对刚接触项目的学生而言，巩固练习，形成正确的技术动作。

3. 合理的运动负荷原则

这一原则要求教师在上课期间根据教材的特点、教学条件，考虑学生的实际情况，合理地安排教学内容，使学生不仅能更好地掌握技能还能促进其身体的健康发展。教师合理地安排运动量和运动强度。通俗来讲，这里的运动量与运动强度并不是同一概念，运动量指的是次数、组数、重量时间等，而运动强度指的是完成练习所用力量的大小，比如负重的重量、跳的高度、跑的距离等，合理地安排运动量与运动强度，量大则运动强度小，运动强度太大，则相应减少运动量。保证在学生承受最大疲劳限度的情况下根据实际情况来合理安排。

4. 循序渐进原则

循序渐进原则，从字面就表现出由简到难、由一般到复杂的过程。逐步进行，不断提高。比方网球的正手击球，首先要从握拍开始，到准备姿势，到引拍上步，再到挥拍，再到准备姿势这样一个完整的过程，练习者开始可以做无球的动作练习，再做有球的原地击球动作练习，最后做有球移动的动作练习，这样逐一练习，逐步进步。

5. 启发式教学原则

采用启发式教学可提高学生学习的积极性，调动学生的积极思维，加深学生理解和认识、牢记动作、少出现反复。启发学生主动去思考去领悟。比方在排球发球的教学中，通过生活当中甩鞭子的一个动作，启发学生做发球动作时一次用力地发力顺序，或将其用于标枪等投掷项目当中，使学生能够举一反三，培养学生的自学能力。运用启发性原则，开发学生智能，调动了学生学习的积极性，科学地进行训练，取得事半功倍的效果。

此外，教学原则还有因材施教原则、超负荷原则、恢复原则等等；无论哪一种体育教学原则，目的都是从学生的根本利益出发，提高学生的身体素质，促进学生的健康发展。

体育教学原则体系将随着社会的不断发展、教育学、心理学等相关学科的发展也随之不断发展。近年来，随着新课改的不断深入开展，一套套新的体育教育原则不断应运而生。目前，我国有关新课程与体育教学原则创新的研究还不够，基础教育体育（与健康）课程的改革与发展滞后，我们应取其精华，去其糟粕，把体育教学原则通俗地贯穿到教学中去，使学生容易接受、理解，达到自觉练习的目的。开发学生智能，提高学生的体能素质，促进学生身心健康全面发展。

二、体育教学规律

体育活动，就是通过各种体育运动小组的活动和比赛，以及参加群体性的体育活动，使受教育者的身体得到多方面的锻炼，增强运动的技能和技巧，提高体育锻炼的兴趣。在笔者所在校的体育课教学中，我们着力探索体育教学规律，努力丰富体育课程内涵，体育教育教学取得了一定成效。

（一）探索规律组织体育教学

如何组织好小学体育课的教学工作，更好地为教学服务，是体育教学中的关键问题。

首先，教师要把握体育课自身特点，即通过身体的各种练习，使体力活动与思维活动紧密相结合，掌握体育知识、技能和技巧；要遵循体育教学过程的规律，根据教学内容和学生情绪的不同，灵活组织教学。

其次，遵循体育教材特点，组织教学活动。小学体育包括田径、球类、技巧、武术、体操等多种教材，不同的教材有其不同的特性。因此，教师在教学中要善于把握教材特点，挖掘教材潜力，改革传统教学形式，充分调动学生学习主动性和创造性，提高教学效果。

最后，体育教学不仅要遵循体育规律，还要遵循儿童身心发展的规律。要根据儿童的生理和心理特点，如有意注意时间短，兴奋过程和无意注意占优势，好奇、好动、好模仿、好竞争等现象来组织教学。

（二）丰富内容推进素质教育

体育教育是素质教育的有机组成部分，体育教育之目的就是通过初步学习和掌握体育的基本知识、基本技术和基本技能，完成锻炼身体、提高思想道德水平的任务，从而有效促进素质教育。

从体育活动的性质上来说，有利于发展学生的特长和才能。学生在活动中自己教育自己，有利于学生自觉地去接受教育，养成良好的纪律和高尚的思想品德。

从体育活动的组织上来说，形式多样，不拘一格，有利于学生的身心发展，有利于培养学生的观察力、思维力、想象力、创造力，有利于提高体育活动质量，提升学生综合素质。

从体育活动的目标培养上来说，要培养学生"三种意识""四种能力"。所谓"三种意识"就是培养学生的参与意识、实践意识和竞争意识。"四种能力"就是观察力、注意力、记忆力、想象力。

（三）体育课渗透爱国主义教育

一是通过体育教学活动培养学生的集体意识，增强爱国热情。由于体育教学的特殊性和组织方式的多变性，容易导致集体与集体、个人与集体的频繁接触，学生对集体间的竞争和对抗，胜与负比较敏感，情感流露比较真实。根据这个特点，我们积极帮助和引导学生树立正确的集体观念，正确对待个人与集体、集体与集体之间的关系，培养团结协作、互相配合的集体主义精神。

二是联系相关事物，引申教育内容。针对小学体育教材思想性不明显的情况，我们通过引申教学内容，来加强爱国主义教育。如在"快速跑"这一教学内容中，我们融入了"时间"概念。教师通过启动手中的秒表，把分分秒秒报给学生听，让学生体会时间和空间印象，然后将时间所包含的经济、文化等价值和学生分享，即通过珍惜时间，给国家创造财富，培养学生的时间观念。以此来培养学生兴趣，丰富学生知识，激发学生的爱国热情。

（四）体育教学风格形成的基本规律

所谓教学风格，是指教师根据各自的优势、特长，结合教学的具体情况，经常采用的一整套个性化的独特教法，以追求最佳的教学效果为目标。在体育教学中，形成独特的个体特征教学风格，是体育教师进入高层次教学境界的一个重要标志。它对学生学习态度的养成、个性特征的培养、学习氛围的创建、合作精神的养成等都有积极的作用。教学风格是体育教师在创造性劳动中逐步建立起来的"独特教学模式"，在建立的过程中既能体现出教师的教学思想、教学意识、教学技巧等内在的东西，又能表现出教学的教学行为、教学形式、教学效果等外部的特征。本节对体育教学风格形成的规律进行研究，旨在为提高教学效果提供参考。

1. 体育教学风格的基本特点

（1）突出个体性

体育教师的个性心理特征对教学风格有直接影响。如偏于多血质气质类型的教师，情感丰富，教态亲切，善于启发诱导学生，教学中反应敏锐，方法多样，因此，可以称为"民主型"教学风格；北京王仲生老师的"以心导教，心动身随"就具有这个特点。偏于胆汁质气质类型的教师，情感浓烈，作风果断，教学中兴奋性高，富有激情，动作幅度大，感染力强，因此，可以称为"激情型"教学风格；但当学生练习出现问题时，教师容易表现出急躁发火现象。而黏液质气质类型的教师，一般性情清高，教态稳健，教学中往往含蓄深沉，简洁明了，因此，可以称为"沉稳型"教学风格。但有时也会降低学生的学习兴趣。作为教师应有意识地发挥自己教学风格上的优势，克服不利因素，从而使个性心理特征与教学风格形成最佳的结合。

（2）追求稳定性

体育教师的教学风格一旦形成，将有相对稳定的特征。这是由教师的个性心理特征、知识结构、文化素养、工作环境、社会赋予的要求等所决定的。知识结构、文化素养的不同，会直接影响到教师的思维模式、教学理念和治学特征，因而最终会孕育出不同的教学风格。教师教学风格的形成应有一个较为宽松的社会环境、有一个良好的研究氛围、有一个灵活的教学空间，只有这样才有助于教师开创性的工作，形成其各自特有的教学风格，克服"高度统一""千人一面"的现象。专家对王仲生、蔡福全老师教学特色的概括，是两位老师几十年的教学经验积累，具有相对的稳定性。稳定的教学风格有助于教师在相对的工作状态下进行教学，有助于学生在一定时期内逐步适应教师的教学风格，较好地理解教学目标，取得最佳教学效果。

（3）实现创造性

体育教师教学风格的形成，是一个长期实现创造性工作的过程。大量实践经验证明，教师教学风格的形成是有规律可循的，即未有风格、形成风格、打破风格、形成新风格。这种良性循环需要教师创造性地开展研究工作。当然，创造性的研究工作是随着教师教学经验的积累、知识水平的提高、职业要求的深化、学生需求的变化等情况而进行的，往往是自觉与不自觉相结合的。如小学阶段的教学，以养护为主，参与意识和锻炼并重，注重培养兴趣，教学中较偏重引导、游戏形式的教学，因而易创造出"启蒙、生动、亲切"的教学风格。到初中阶段教学，就让学生在多种多样的运动条件下能够有意识地去活动，充分体验体育的乐趣。高中阶段教学，偏重于教会学生运用体育手段和方法，进行独立锻炼，进一步培养锻炼习惯。因而易创造出"严谨、规范、民主、生动"的教学风格。

2.体育教学风格形成的过程

（1）模仿阶段

初为人师，有几个角色需要转换，即由学生向教师的转换、由过去的"学"向现在的"教"的转换、由被动的被人管理向主动的管理别人的转换、由随意的行为向规范的行为转换等。作为青年教师从主观上都有搞好教学工作的良好愿望，但往往又苦于角色转换较慢、教学经验不足，而无法达到预计的教学目标。那么，最直接、最有效的办法就是模仿，模仿老教师一辈的教学风格。一般模仿是从局部开始的，逐渐向全局扩散的，或先是形式的，后是内容的。如当一组好的教法和组织形式被青年教师模仿使用取得明显效果的时候，有心人就会进行一定的反思，分析这种事半功倍所产生的原因；如果套用相同的方法和形式教授不同的内容，也不会产生好的效果，此时一定要分析造成牵强附会的原因。

（2）选择阶段

青年体育教师在模仿老教师教学风格的基础上，已对不同的教学风格类型有了大致的了解，开始对自己感兴趣的教学风格进行选择。一般来说，青年教师首先选择的是与自己专业或专项相关的教学风格。这样更利于发挥专业特长，反映自我风格特点，体现了"一专"的要求，在以往的毕业生中专业体育院校表现得较为突出。其次是选择与自己专项有一定联系的教学风格，因为学校体育教学的内容很多，只靠专项教学是不够的。按照教学大纲要求，每位体育教师必须对所教授的内容有透彻的理解和掌握。所以要在专项的基础上扩充其他内容，同时必然涉及不同类型的教学风格。随着看课、观摩、分析课、研究课的增多，以及接触不同年龄体育教师的增加，选择的范围也在加宽，以体现"多能"的要求，在以往的毕业生中师范院校体育系表现得较为突出。

（3）定向阶段

当体育教师对众多教学风格特点有了较为清晰的认识后，还必须找准自己的定位，如何扬长避短地开展教学，逐步形成独特风格是十分重要的。一般来讲，可以根据自己的知识结构、文化素养确立教学风格。如知识面较宽的教师，教学讲解中能够旁征博引、挥洒自如，其教学风格必然呈现"洒脱流畅、生动活泼"的特点；而知识结构以专深见长的教师，教学中能层层递进，分析问题如抽丝剥茧，其教学风格也更为"深沉隽永"。也可根据自己的气质类型确立教学风格，气质是个人心理活动的动力特征，这种动力特征主要表现在心理过程的强度、速度、稳定性、灵活性及指向性上，气质对教学风格的确立和形成具有深刻的影响。另外，还可以根据治学领域的特点确立教学风格，治学领域的"土壤"不同，必将培养出各异的"风格之树"。

（4）创新阶段

体育教师教学风格的形成，实质是一个需要不断创新的过程。教师的教学风格一经确立，便以一个相对稳定的状态表现出来，但也不是一成不变的。教学实践证明，教师教学风格的变化是一种螺旋式的上升。这与教育内涵的扩展、教学内容的更新、学生需求的变化、教师教育理念的提升有密切的关系。其中教师教育理念的提升是最为重要的，只有观念的更新、意识的超前，才可能带来行动的创新。一种教学风格的形成，蕴含着教师的创新意识、创新思维、创新能力、创新活动等。近年来，全国十城市优秀体育课观摩大会上所展示的优秀课，集中反映了我国中小学体育教学改革的最新成果，代表了广大体育教师的创新活动。

综上所述，体育教学风格是体育教师在创造性劳动中逐步建立起来的"独特教学模式"，在建立的过程中既能体现出教师的教学思想、教学意识、教学技巧等内在的东西，又能表现出教师的教学行为、教学形式、教学效果等外部的特征。体育教师教学风格形成于长期的教学实践，发轫于艰苦的探索，是教学一般规律与个人教学实践相融合的产物，是教学内容与教师灵感的交融升华，是教师个人创造性思维的结晶。教育管理者应善于发现和树立有"独特教学模式"的体育教师,创造性开展工作。

(五)注意规律在体育教学中的运用

在教学中我们常常会遇到学生注意力不集中,它是困扰教学效果的主要因素,学生是否集中注意力听课,和教师的讲课有直接关系,优秀的教师一定是课堂上的焦点,他的一言一行能吸引所有学生的注意,使学生在课堂上的心理活动集中指向与他;注意是教师与学生的之间教与学的一个关键的心理活动,有一个磨合过程,这个过程它直接影响着师与生、教与学的默契,也影响着教学质量,学生良好的注意品质是教师在长期的教学训练中培养和发展起来的,利用注意的心理规律上好体育课,传授体育基本知识、基本技术和基本技能是我们教师探索和研究的方向。

1. 运用无意注意的规律组织教学

(1)合理利用刺激物的特点来组织教学

根据条件反射的强度规律,刺激物在一定限度内的强度越大,越能引起人的注意,课堂上影响学生注意力分散的诱因有很多,一切刺激物都会干扰注意力,我们要正确区分刺激物的良莠,新的教材、讲解的趣味、示范的优美、器材的新鲜感等都会激起学生的良性注意,尽量消除不良刺激物对教学的影响。

(2)采用不同的教学方法,吸引学生的注意

体育教学不同的教法可以转移学生的兴趣,变换教法能使学生从一个兴趣点转移到另一个兴趣点,持续不断激发出学生的兴趣,是吸引学生注意的前提,因此教师在体育教学中充分利用这些条件,启发学生思考,分析动作之间的内在联系,集中学生的注意力,便于领会动作要领,掌握运动技能,组织学生身体练习时,还要注意变换方式,可采用竞赛、游戏的形式启发学生学习体育知识技能,调动学生的积极性,会收到较好的效果。

(3)利用语言的形象描述,吸引学生的注意

语言交流是体育教师进行教学和组织学生注意的重要工具,教师讲解时,声音的大小、语速及声调的变化都可以唤起学生的注意,直接影响教学效果,教师的语言要言简意赅、生动形象且具有启发性,符合学生接受的能力,语言的鼓励与安抚能很好地帮助学生克服困难和心理障碍,能集中注意力,提高学习积极性。

2. 运用有意注意的规律组织教学

课堂上学生有意注意时间的长短,决定着课的成功与否,有意注意也称主动注意,它是有目的有意识的直接的自觉的心理活动,只有提高学生有意注意的能力,才能提高学习锻炼的质量,在组织教学过程中,要求我们教师不但要想着上好课,还要培养学生有意注意的能力。组织教学,集中学生注意力,提高教学效果。

(1)明确体育课学习的目的,提升有意注意的能力

学生对于为什么要上体育课,为什么要进行运动训练并非深知其目的,因此,教师对学生要经常进行正确引导教育,使学生明白终身体育有益身体健康,激发学生自觉积极地

学好体育，锻炼身体，明确学习目的的教育还必须渗透到日常教学训练中，要求教师在教学的开始阶段就树立学生终身体育有益健康的思想，使之养成稳固的健身习惯，并自觉而为之。

（2）根据学生的兴趣特点，有的放矢

兴趣是集中注意力的重要心理因素，我们教师在教学过程中必须了解学生兴趣发展的各年龄段的兴趣特征，有经验的教师既会重视学生的直接兴趣，又会重视学生的间接兴趣，根据学生不同年龄段心理特点，在教学中引导学生思索及体能对抗的游戏方式，提高学生锻炼的积极性，还可以编一些通俗易懂简单易学的口诀，来提高学习的兴趣，对理解能力强的高年级学生可采用视频、幻灯教学，使抽象概念直观形象化，并用剖视、慢动作分解演示等教法，分析理解复杂动作过程的结构，培养学生的兴趣，吸引学生的注意力，提高教学效果。

（3）提升学生自我监督的能力，培养良好的行为习惯

良好的自觉行为是集中注意力的重要条件，学生自觉行为的形成要经过长期培养，因此，教师在教学过程中，对学生要进行常规教育，如按时作息、遵守校规、比赛规则、上课注意听讲、认真完成作业等，养成良好自觉行为，有助于培养学生不受时间、地点、条件的影响，养成注意的好习惯，提升有意注意的能力，适应自觉学习锻炼身体的价值。

3.善于运用两种注意相互转化的规律组织教学

课堂上，一般来讲，学生的无意注意时间短频次高，有意注意时间长频次低，对刺激物的直接兴趣可以引接无意注意，而对刺激物的间接兴趣可以引起有意注意，两种注意在同一活动中又是相互联系和转化的，只注重无意注意，学生虽然有兴趣，但无坚强的意志和克服困难的能力，也不能完成既定的体育教学任务，注意是有实时性的，短时间内，情绪高涨，可以提高学生学习锻炼的效果，可时间长了，情绪消滞，会有厌倦感；因此，有经验的教师会合理安排教学内容，激发学生兴趣，通过适时的讲解示范演绎，引起无意注意，另外，要鼓励培养学生不怕困难专研学习的意志品质和探索精神，提高主动注意能力，在课堂学习锻炼过程中，应避免过多的重复的练习，以免产生消极情绪，要求教师要有不断地有关联的指导动作练习，交替练习锻炼，时刻保持较高的情绪和兴趣，促使两种注意的相互自然转化，从而来提高体育课的教学质量。

要上好体育课，在开始阶段教师要通过简洁明了新颖的讲解宣布课的任务，引起学生的兴趣，激励学生想体验的欲望，在平常的体育课中，要不断地培养学生的注意品质，主动地去专注某些事物，形成注意的稳定性，提高学习锻炼就有了事半功倍的效果。

六、迁移规律在体育教学运用

迁移规律是体育教学中的客观存在，为正确认识迁移规律对体育教学的影响，提高教学质量，本节对体育教学中的迁移规律进行简要的分析，对迁移规律在体育教学中的应用

进行探讨，并对应注意的问题提出建议。

（一）迁移规律在制订学年或学期计划时的运用

制订学年或学期计划时，除了贯彻教学大纲的统一要求外，还要注意教材分布的纵横关系。在教材的纵横关系中就要考虑到迁移的问题。纵的教材关系如进行标枪教学时，先教原地投掷，再教上步投掷，然后教助跑投掷。因为上步和助跑投掷的握枪、引枪有最后的用力到出手这些动作的基本环节和原地投掷相同，所教后两种投掷时只需把上步或助跑的技术与原地投掷技术连贯起来就行；在学习与原有动作结构相似的新动作时，大脑皮质由原已形成的基本环节或附属环节的运动条件反射即可作为新的动力定型的基础，只需补充一些基本环节或附属环节的运动条件反射，新的动力定型即可形成。因此，指定学年或学期计划时，应尽量在回忆旧知识的基础上引出新的知识技能，将具有共同因素的教材内容合理地安排在一起并贯穿练习起来，这不仅可以复习旧的技能，同时还能使学生更好地理解和掌握新的知识技能，以达到前面的学习是后面学习的准备，后面的学习是前面学习的发展。

另外，在制订学年或学期计划时，要避免运动技能之间的相互干扰。两种不同运动技能之间，动作技术主要环节不同，而细节部分相同，在学习时它们之间往往产生干扰。如掌握了单杠挂膝上，对学习单杠的骑上有干扰，这是因为前者要求屈膝，后者要求直腿，动作的基本环节不同，前者干扰后者。如果同时学习某两种技能，而且都没有达到熟练和巩固的程度，这两种技能就容易造成相互干扰，或者两种技能中有一种掌握得比另一种熟练，那么前者就容易对后者发生干扰，如学习了跳高起跳（单脚起跳）的技术动作后，对学习支撑跳跃的起跳（单脚上板，双脚起跳）就可能产生不良影响。两种运动技能，结构相似，速度相反，其中某一技能已经相当熟练，要想形成相反的技能动作时，就感到很困难，甚至出现错觉，如短跑和长跑，两者动作结构虽然相同，但在动作反应速度上对神经系统的要求呈现是完全两样的，故产生干扰。

（二）迁移规律在教学中的应用

1.讲解、示范中的比喻与启发

在教学中，教师采用生动形象的教学语言，不仅能够启发学生积极思维和想象，而且能使学生加深对教材内容的理解。例如：学习前、后滚翻技巧动作时，教师用球做比喻，启发学生要低头、团身、屈膝使身体接近圆球形，才能像球那样进行前、后滚动。从而使学生心领神会，加深对动作要领的切身体验，加速对新技术的掌握。

2.组织诱导性练习

（1）模仿练习的运用

根据相似的刺激物可以引起雷同反应的原理，组织适当的模拟练习促其产生正迁移，诱导学生逐步学习并掌握教材。例如：在铅球教学中，从徒手原地正面推铅球动作—徒手原地准备姿势（蹬、转、挺、推、拨）的最后用力—滑步推球的模仿练习，对诱导学生逐步掌握正确的推铅球技术有帮助。其生理机制就是，通过模仿产生迁移，诱导学生学会并掌握教材。

（2）分解练习的运用

为简化动作的掌握过程，教学中常常把完整的动作合理地分成几个部分，然后按部分逐次练习，最后完整地掌握。例如：在进行排球正面上手传球教学时，可首先进行传球手形的练习，其次进行正确击球点的练习，再次进行蹬伸迎拔协调用力动作的练习，最后将以上三种练习串联起来，就会使学生完整地掌握正面上手传球的动作要领。每一个分解练习都给大脑皮层建立暂时性神经练习过程产生了痕迹效应。如果学生个体能正确、熟练地掌握每一个分解练习，则分解练习过程中产生的迁移就能使学生收货良好的学习效果。

（3）辅助性练习的运用

辅助性练习是指为发展某种动作所需的身体素质的练习。体育教学中，为使学生更快、更好地学会某项技术，而选用一些辅助练习来发展该项技术所需要的身体素质，确实有利于素质和技能迁移。例如：在推铅球教学中，为提高铅球出手的初速度，必须发展学生推球的力量，因此常常选用一些发展臂力、腕力、指力的练习，诸如俯卧撑、俯卧撑推手、俯卧撑击掌等等，以发展掌握技术所需的力量素质。

3. 充分利用学生已有的知识、经验促进学习的迁移

选择提倡生活中较为熟悉的动作概念，给学生以生动、形象的诱导。由于学生对这些动作、姿势印象比较深刻，因而容易接受和体验，如学习前滚翻时，教师可以用"篮球滚动"来启发学生；要求跳远踏跳的起跳腿快速蹬离地面时，可用"赤脚踩在滚烫的铁板上"的比喻来提示。语言简练、准确，便于学生回忆，指导自己练习。

可见，迁移总是以先前的知识、经验为前提的。有关的知识技能掌握得越多，越容易举一反三，触类旁通。

4. 建立学生良好的心理状态，促进技能的迁移

针对不同学生的不同气质类型进行心理疗法，好胜心强的学生可用"激将法"，性格内向的学生则多运用心理暗示，使他们产生强烈的学习欲望，从而有利于加快运动技能的迁移和巩固。因此，教师在整个教学过程中都应帮助学生形成有利的和消除不利的心理状态。

总之，迁移是体育教学中普遍存在的规律，每一位体育教育的工作者，自觉地认识和合理运用迁移规律，使学生在学习动作时收到事半功倍的效果，从而提高教学质量。

第四节 体育教学的结构和原理

一、体育教学结构

（一）体育教学结构模式

体育教学活动存在于一定时间流程与空间形态中。时间控制，主要表现在教学方法安排序列上；空间形态，主要表现在教学组织形式上，而教学结构是实现教学目标、实施教学内容、贯穿教学方法和教学组织方式的必要保证。课堂教学结构是目标、内容、组织教法的一根纽带，因此，教学结构模式的设计历来都是教学研究的一个重要课题。

在此试对我国学校体育的课堂教学结构做一浅析分析，以教师主导，学生主体的教学思想为指导设计课堂教学结构模式，旨在与同行们讨论丰富的体育课堂教学结构。

1. 当前我国体育课堂教学结构尚存在的主要问题

目前我国体育教学中，以运动技术、技能为主要基本内容，并需要完成多个教学目的的综合课，大多数教师也都习惯于按照传统的"综合课结构"去上课，每堂课的顺序都是由"组织教学、复习巩固、讲授新知、巩固新知、布置练习"演变而来的体育教学结构。这样的结构看似完整规范，但也存在以下弊端：

（1）知识中心的教学结构跟不上教学目的的发展进程

从传统课堂教学结构上来分析，形成以传授运动技术、技能为中心"为教技术而教技术"的知识中心教学结构。然而教学目的的基本内容结构应该为"个性和谐发展观"，且这个教学目的在不断扩充和发展。而目前的体育教学的知识中心结构，远未跟上教学目的的发展进程。

（2）以"教"为中心的课堂教学结构忽视了学生学习的主体性

体育课堂教学大多采用"分解教学—练习—分解教学（N）—练习—完整教学"的递进式结构，缺乏运动的整体感知，缺乏学生已有的运动技能和新运动学习的"矛盾"设计，忽视了学生认识活动的心理过程，没有反映出学生学习的规律和主体积极性，教学矛盾偏重于教。

2. 新型体育课堂教学结构模式

新型体育课堂教学结构模式主要的构成因素为完整的课堂教学论结构、灵活多变的教学法结构和有序递进心理逻辑结构。

（1）教学论结构。

体育教学论是研究和说明体育教学的现象、基本因素、本质及内在规律的一门科学和学科。教学论结构反映了学科内容、教学逻辑和包含特殊认识过程的课的三个基本阶段，是组织课的一般指令、一般做法。

（2）教学法结构。

教学法结构是对组织一节课的总指令和总算法，是一个紧密联系的统一体，但又是相对稳定的。教学法的实施顺序和方式可以经常变化，并可以通过某种教学方法的教学法展开并具体化。如情景和问题教学法，课的开始阶段是通过创立问题情境或提出假说等方式引入新的知识；在解决问题或论证假说的过程中附带现实化；也可能以检查或复习上次课所学习的知识等等，根据课堂教学目标和教师灵活运用的教学方法体系而排序。

教学法结构的因素就是教师的"教"和学生的"学"所构成的各种活动种类，如讲述、模仿、练习、巩固等等，是教学的具体体现，"教""学"的可变性为教师创造性、学识和教学法技巧提供了广阔空间。

教学组织形式也是其中重要的因素。"分"与"合"，分小组教学与班级教学的协调，既"班级教学—小组教学—班级教学"。首先集体同授的主要目的是让学生对整体知识的感知，营造群体学习心理氛围和为后续的分小组学习做准备。分解教学采用小组学习，主要体现在学习新技能的阶段中。最后再班级教学，这里的"合"，是反馈教学情况，通过讲评小结，提示重点与难点，将知识条理化、给构化的整合过程，并对"合"中反馈的问题，进行教学回授和纠正。"合—分—合"的操作，既可单轮分合也可多轮分合。其轮次取决于教材、教学需要及教师的教学控制能力。

（3）心理逻辑结构。

心理逻辑结构是联结教学论结构和教学法结构的内部逻辑环节。掌握知识的过程总是从对事实、事件、规则等的"感知"和"意识"开始的，然后由比较、对比、解释等引导学生到对新知识的"理解"和"领会"，最终将新知识"概括"地融入以前掌握的知识体系中。心理逻辑结构只能通过教学法来得以表现，如"复现"通过提问、练习等表现出来；"理解"通过正确的回答、分析运动结构、技术正误判断和正确运用（技术、原理、规则）等表现出来；"概括"通过能够正确组合知识的结构，正确地确定新知识在已掌握的知识体系中的地位等表现来，如此等等。

在课的内部结构中还以是否包括探索性活动的步骤而分为两种不同结构的课，一种是复现性掌握的课（非问题性教学的课），另一种是创造性掌握的课（问题性教学的课）。

由上述可见，在学校体育课堂教学的结构模式中，保证外部教学法结构与内部心理逻辑结构的最优组合，是成功设计一堂课的关键所在，是课堂教学结构的灵魂。

4.新型课堂教学结构模式所孕育的功能

（1）课堂教学结构模式体现了教学过程的矛盾和矛盾的发展过程。从课堂教学结构模式的整体结构上分析，"再现已知的知识，在新情况下理解原有知识"和"建立问题情境，提出问题"，形成学生已有能力和知识水平与新授知识之间的矛盾；"感知新教材，思考理解"和"提出设想和假说",形成解决教学矛盾的过程;"概括,运用"和"检查解决问题的正确性"解决矛盾。教学矛盾贯穿整个课堂教学结构,并成为引导和带动整个课堂教学过程的动力。对矛盾的主、次转化分析,结构的开始阶段的"教"处于矛盾主要方面,而"学"是次要方面,教师主导作用使教学的主要矛盾由"教"落实到"学",最终使学生成为占支配地位的教学主体。

(2)课堂教学结构模式突出体现了学生的主体性。课堂教学结构模式的"完整教学—分解教学—完整教学"有利于学生的运动体验和对运动的整体感知,是引导激发学生主体积极性的重要结构;"班级教学—小组教学—班级教学"发挥了学生主体能动性和小集体思维的小组教学作用,适用于学生的需要、兴趣、爱好、能力和发展潜能,有利于实现学生个性充分和谐的发展。

(二)体育教学的结构生成及其社会功能

体育教学是一个复杂而有规律的系统,由多层要素组成,在推进体育教学的改革和优化过程中,对其进行教学结构分析,能全方位加深对体育教学的认识。同时加深对体育教学社会功能的认识。

1. 体育教学的本质和教学结构

体育教学是由多种要素构成的,如教师、学生、课时、教材、教学方式、教学反馈等。其中,教师和学生是体育教学构成的基本要素,另外,体育教学要以实现体育课程为目标,以教材和体育器材为载体,在一定的场地环境下进行系统性教学。

体育教学是团体教育,更是终身教育,也是情感交流和身体发展同时进行的教育。因此体育教学的结构生成应当融合个人认知、情感交流和身体发展。

(1)个人认知。

一般来说,学校教育对个人认知能力的主要表现形式有三种:一是概念性认知,即通过语言等形式形成对外界的概念性理解。第二个是形象认知,通过一定的形象或者对某个形象的想象形成对外界的认知。第三个是运动性认知,通过身体与外界的接触形成的认知。

体育教学属于运动型认知,从而确立了体育教学在教学体系中的地位。

另外,在体育学习中,学生首先通过语言和文字了解基本体育知识,然后通过示范对体育动作形象有所了解,最后通过身体对体育运动产生认知。

(2)创造良好的情感交流环境。

体育教学能使学生在运动和竞技中不断地发现自我、完善自我。因此创立良好的情感交流环境,也是体育教学结构中的一个重要组成部分。情感交流能激发学生学习体育的积极性,满足学生的表现欲,实现情感的交流和满足。

(3)促进身体的全面发展。

体育教学是直接通过身体对世界产生认知。其教学结构首要一点就是促进身体的全面发展。首先通过多种方式进行体育锻炼,培养健壮的体格。其次,建立正确的体育意识,培养意志力和体育竞技精神。

2. 体育教学的社会功能

（1）构成学校整体社会功能的一部分。

体育教学是学校教学的一个重要组成部分，因此它的社会功能发挥也是包含在学校教学的社会功能中。学校教育的直接作用是帮助受教育者成为一个独立完整的人，形成个人的"文化形成"。而受教育者的"文化形成"也是把他归属到社会群体中的一个重要考核标准，并且促使受教育者本人在社会中发挥不同作用。

受教育者的"文化形成"是由接受各个学科知识的传授形成的一个整体系统，因此体育教学的社会作用是帮助学生形成自身的体育文化。

另外，人类社会的不断发展中也形成了多种多样的文化，体育文化就是其中之一。而体育教学正是对人类社会体育文化的传承。

（2）提高学生适应社会和自然环境的身体素质，提升全面素质。

体育的目标是强身健体，增强体质，锻炼意志。学校的体育教学通过多种方式和教学手段来实现这种目标。学生在体育教学中实现体育能力和身体素质的提升，那么在体育教学中打下的身体基础，有助于增强学生适应社会环境和自然环境的能力，这也是人生存的基本能力之一。

人是社会的组成部分之一，个人身体素质的提升，是构成全民身体素质提升的基础。

当红外测温仪接通电源时，AT89S52 单片机自动复位，开始运行程序。程序首先对 AT89S52、LED 和串口初始化，然后开始监控串口，当单片机接收到外部设备发送到串口的可识别测温指令时，读取红外测温传感器指令并通过串口发送给外部设备。若单片机监测到串口空闲或者没收到可识别的测温指令，则进行键盘扫描判断是否有按键按下：若无键盘输入，返回程序首部继续监控串口；若有键盘输入，区分键盘值，第 1 个按键为目标温度测量，第 2 个按键为环境温度测量，单片机读取传感器内相应温度数据，并将计算的温度值用数码管显示，完成一个工作循环。

（3）提升人际关系等社会交际功能。

人际交往是社会活动中必不可少的一部分，也是一个人适应社会的一种必备能力，在社会发展中起着信息交流、情感沟通的重要作用。体育教学的教学方式和教学目标，在帮助学生锻炼身体、增强体质的同时，也在锻炼着学生与他人沟通的能力。首先是学生和教师的沟通和互动，其次是学生之间的互动，另外，体育教学能培养个人对团体或者集体的社会需求心理。

（4）促进心理健康。

体育能保持人的心理健康，缓解现代社会带来的种种生活压力，在提高人身体素质的同时，促进心理状态的良性发展。因此体育教学能对学生的心理状态产生积极影响。体育是一种个人与团体互动的过程，在身体得到锻炼和舒展的同时，会对人的心理产生极大影响。适当的体育运动，能化解心里的孤独和悲伤情感，激发人的积极性和主动性。学校体育教学在学生性格养成中也扮演十分着重要作用。根据相关调查研究，体育教学能帮助学生养成积极、乐观的性格，增强学生的自信心和意志力。

综上所述，体育教学是一个完整的教学系统，其内部构成要素和结构之间的关系直接影响到体育教学的效果，促使学生通过体育教学获得身体、心理和精神上的满足，体验情感交流的快乐，并且展开形成体育文化修养，养成终身体育的意识。体育教学不仅注重"体"，更注重"心"，让学生在体育教学中认识体育运动的本质，从而建立正确的体育意识。

二、体育教学的原理

体育教学的原理简单来说就是进行体育学习或者教学的时候的一些规律，在学生学习体育技能的时候客观存在的一些规律性。这是和动作的难易程度、性质，学生自身的一些条件、努力的程度，老师的教学水平以及设备和气候有着直接关系的。

（一）学习运动技能的规律和给其造成影响的一些要素分析

现在通过对于运动技能的一些学习规律的研究，得到认可的研究成果主要有以下两种，首先是整体结构理论，在进行技能学习的时候主要分成认知阶段、联结阶段以及自动化阶段；其次是联结理论，在学习技能的时候主要是分成了三个各具特点却又相互联系着的阶段，也就是局部动作掌握的阶段、整个动作能够初步掌握的阶段以及对动作进行完善和协调的阶段。对学生运动技能的掌握起到影响的因素很多，主要在反馈和练习两个方面。在进行练习的时候，影响因素主要是进步的实际情况、练习的时间方面的分配、练习的方法是否正确。若是学生进行单纯的动作学习，取得的进步是比较小的，学习技能的时候可以通过反馈的方式。学生对联结结果的了解程度也会直接影响到效率提高。

（二）运动技能教学在会能度的基础上的教研规律

在进行体育教学的时候，教学规律有一定的共性，但是由于项目的不同，教学方法和时间的安排都会有一定的不同，这也是教学的个性，此处便针对其个性进行了分析，探讨了和会能度有关的教学规律。

1. 教学时数和运动技能与会能度分类之间的关系

（1）会与不会区别比较明显的运动技能。在教学的时候，蛙泳和独轮车这两项运动会与不会之间区别比较明显，并且根据调查显示，蛙泳需要十二个学时才能够学会，而独轮车的直线骑行则需要十个学时。用时比较长的主要原因在于运动的复杂程度，蛙泳和独轮车都是比较难的项目，在对这种项目进行教学的时候则应该安排的时间长一些。

（2）中间型的一些完整运动技能。这些运动技能不是很复杂，但是包含的一些元素比较多，和学生的日常生活有一定的关系。这种技能由于包含好了多元动作和单一动作两种，所以在教学安排的时候应该根据实际情况进行选择。单一的运动可以安排小单元或者中单元的教学，而那些多元动作结构的技能则应该根据实际情况安排大单元或者中单元的教学。

（3）会或者不会区别于比较小的运动技能。这一类的技能包含了动作和元素都比较少，并且也很简单，和我们的日常生活联系紧密。所以在教学的时候难度比较低，学生稍微一学习或者是不学习都能很好地把握，这一类的运动在教学中，可以安排很少的时间进行练习。

2. 教学方法和运动技能会能度分类之间的关系

（1）采取分解教学法进行教学，将运动的完整技能分成几个小的部分，一段段进行动作教学。分解法主要包括的类型便是"简化法""部分法""分割法"。

对于那些会或者不会区别非常明显的运动技能，采取分解法教学能够把整个运动简化，根据其复杂性的特点可以通过掌握运动的部分来进行整体的掌握。由于运动技能有一定的组织性，构成部分之间有一定的联系，特别是先后顺序，并且动作的重复性比较低，这也给分解教学提供了方便。但是会和不会区别比较明显的运动本身比较复杂，但是技能自身空间组织性是有一定区别的。比如说进行篮球的跳投，其空间组织性比较高，在进行教学的时候，不能够采用分割法的办法，所以可以采用简化法的办法进行教学，在保证动作完整的基础上降低其难度。

对于那些中间型的运动技能，也能够采取分解法的办法教学，这一类运动本身具有复杂性，但是这类运动对时间和空间的要求比较低，所以可以采用分解教学的办法。

（2）完整教学法的运用。这种教学方法是指整个动作一次性教完，对于那些比较简单并且组织性比较高的运动比较适用。

中间型中的分立运动自身的复杂性比较低，包含的元素也比较少，还有一些中间型的运动自身对于时间和空间的要求很高不能进行分解，所以可以采取完整教学的办法进行教学。

那些会或者不会不存在区别的技能，其本身的匀速比较少，并且对空间时间的要求比较高，不能够进行分解，所以可以采取完整教学的办法来开展教学。

（3）教学步骤和运动技能会能度分类之间的关系。

体育教学的时候，教学步骤应该是比较清晰的，老师在进行教学的时候，必须明确每个步骤之间的联系和关系，对于那些比较难的运动技巧，老师可以先进行分解，学生掌握了部分之后，再采用完整教学的方法，让其将每个步骤联系在一起。

研究运动技能教学对于体育学理的主要意义在于，把握教学中的规律，让学生更好地掌握好每个动作。老师也可以通过教学得出更多的经验，以便更好地进行教学。

第五章　高校体育教学设计改革

第一节　体育教学设计的基本理论

对体育教学设计的要素内容及撰写规范进行归纳和分析，得出体育教学设计包括指导思想、教材分析、学情分析、教学流程、场地器材、安全防范和课时计划等7个要素，并对每个要素的撰写要求进行分析。

体育教学设计是体育教学工作的重要内容。高效的体育教学必然要求高质量的教学设计。但从当前的研究来看，一线体育教师的教学设计存在着一些明显问题，如基本要素不全、随意增减内容、撰写不规范、分析不深入、缺乏针对性等，反映了一线体育教师理论水平不高、教学设计能力不足的问题。本节在参考同类研究的基础上，深入分析体育教学设计的基本要素及各要素的撰写规范，以期为体育教师撰写规范的教学设计提供参考。

一、体育教学设计的概念

体育教学设计是指为了达成一节体育课预期的教学目标，运用系统观点和方法，遵循教学过程的基本规律，对教学活动进行系统规划的过程。体育教学设计直接指向的是课堂，是对体育课堂教学的整体构思与具体规划，体育教学设计与教学计划是具体落实与宏观规划关系，与课时计划是上下位概念的关系。体育教学设计涉及从内容选择到方法的选用、从学情分析到练习方式的安排、从场地的布局到教学的流程等一系列内容，实际上是要通过分析阐明教什么、为什么教、如何教等一系列教学基本问题。

二、体育教学设计的基本要素

长期以来，我们对教学设计概念的认知不清，在全国第八次新课改后，许多"新理论"不断涌现，令人应接不暇，直接导致了一线教师教学设计模式层出不穷、参差不齐，甚至在全国性比赛中都存在此类问题。但经过这些年的深入研究，体育教学设计基本要素基本固定下来，一般认为体育教学设计包括指导思想、教材分析、学情分析、教学流程、场地器材、安全防范和课时计划共7个要素。其中，前6个要素是从总体上对体育课的构思与分析，通常以文字形式呈现，课时计划则是教学设计最核心的部分，是课堂教学实践的直接依据，一般以表格式形式呈现。

三、体育教学设计的基本要素分析

（一）指导思想

指导思想看起来虚无缥缈，与教学实际并没有密切的关系，但它却起着导航的作用，是开展体育教学活动的方向和依据。指导思想一般都会陈列在体育教学设计的首位。其撰写要求为：站位高，引领强，有针对性。指导思想可分为宏观、中观和微观三个层次，如立德树人、全面发展等属于宏观层次的提法；课程标准、课程目标等属于中观层次的提法；运用有球练习提高学生的足球球感、运用丰富多彩的教学手段促进学生蹲踞式跳远技术的提高等属于微观层面的提法。

（二）教材分析

教材更是教学的载体，离开了教材，教学就无从谈起。新课改要求将教教材改为用教材教，即要树立教材是为学生发展服务的理念。体育教学设计中的教材一般是指狭义的教材，即教学内容。教材分析要在全面了解所选教材的前提下，深入分析其特点、功能、技术要领、重难点、教学方法以及一些关联性因素。务必要阐述清楚体育教学教的具体内容是什么、教的目的是什么、教的方法和手段是什么等等。凡是不对教材进行深入分析就开展教学便是随意教学、盲目教学，为学生发展服务更是无从谈起。因此，在撰写教材分析的时候要写全、写实、写透。

（三）学情分析

学生是课堂的中心，教学活动的出发点和落脚点都是学生。只有准确了解了学生的情况，才能选择合适的教学内容，制定合理的教学目标，采取合理的教学方法和组织形式。学情分析包括学、情和析三个方面的内容，学是指学生的人口学情况，如人数、性别、健康程度等；情是指学生学习的情况，包括课堂内和课堂外的情况；析是指分析，在把握学和情的基础上进行深入分析。换句话说，对学生基本情况的描述是必不可少的，但不能仅仅停留在阐述学生的年龄、性别、生理与心理特点、兴趣、爱好等，还应对与本节课密切关联的学生体能基础、技术基础、学法基础、锻炼习惯、学习态度等进行客观分析，从而实现描述和分析两个层面的叠加效应。因此，在进行学情分析时一定要与课堂相挂钩，避免出现放之四海而皆准的学情分析"真理"。

（四）教学流程

教学流程顾名思义是指教学环节的流程，主要是指教与学成分环节的活动程序，通常是主教材的教学步骤。而教学流程最容易被误认为是课的流程，其主要原因在于对"教学"的概念把握不准。一节课中并不是所有的环节都属于教学环节，如课堂小结、放松活动、体能练习等就不具有教学性质，不能成为教学流程的内容。对于教学流程而言，只要在教学流程要素下讲明主教材教学的各环节安排及相互关系，就已经达到了最基本的要求。

（五）场地器材

场地器材是开展体育教学的物质保障，同时也是安全隐患的集中区。场地器材的基本要求为安全系数高、面积（数量）充足和布置合理。安全系数高主要是指场地器材结构牢固，无明显湿滑，不能出现因场地器材安全性不过关导致的安全事故，如学生使用本已经断裂的单杠时摔伤、准备活动慢跑时踩到水摔倒等。面积（数量）充足是指在实际条件允许的情况下，尽量给学生增加练习面积和设备，提高练习密度，巩固技术效果，如前滚翻练习时增加垫子数量、增加学生练习的次数。布置合理是指场地器材的布置要充分考虑教学内容、教学方法、学生特点以及教学环境等方面的要求，要让场地器材更好地为教学服务，为学生的发展服务。

（六）安全防范

安全防范体育教学设计的重要内容。安全防范针对的是体育活动存在的一定概率的身体伤害隐患。良好的安全防范措施可以大幅度降低学生受到运动伤害的概率，同时也可以在体育伤害事故发生后教师被认定为主要责任人的现实情况下最大限度地保护教师。但实际上安全防范意识并没有在体育课堂上树立起来，在教学设计中也往往被虚无化。造成安全防范有需求却无落实、有提及但不具体、有要求而无操作的尴尬现实。在撰写安全防范时，要从教材到教学、从场地器材到组织、从生理到心理等多角度分析安全事故发生的可能性，并根据安全隐患的类型采取针对性、操作性加强防范措施，要真正做到防患于未然，要让"注意安全"从口号变为实际，从"安全防范很重要"走向"安全防范很到位"。

（七）课时计划

课时计划亦称教案，是教学设计的核心内容，是课堂教学实践最直接的依据。完整的课时计划应包括教学内容、教学目标、重难点、课的内容、师生活动、组织形式与要求、时间次数强度、练习密度、负荷预计、课后反思等内容。在撰写每一部分时，都需要做到明确、具体、科学、实际。不要出现"进一步提高学生蹲踞式跳远的技术""初步掌握篮球肩上投篮动作""通过本课学习，学生排球技术大幅度提高"等模糊表述，让课时计划真正回归其教学依据本质。

四、体育教学设计基本要素的应用性

体育教学设计的基本要素包括教学内容、教学对象、教学目标、教学过程、教学评价等，体育教学设计的基本要素既相互联系又相互制约。体育教学设计就是要根据教学目标、教学要求、教学过程、教学环节、教学评价等要素设计教学。在体育教学中，教学的整个过程都是依据教学设计来完成的。现结合初中七年级"蹲踞式跳远"教材案例的应用要求，提出相应建议。通过这种应用性的研究使体育教学设计更加成熟，以达到进一步提高体育教学水平的目标。

（一）以学生为主体设计好教学内容要素

教学内容是教学的根本依据，是设计教学目标和教学过程等要素的依据。教学设计是对教学内容和教学过程的教学安排计划，是对教学过程的整体的安排和实施方案。教学内容是体育教学设计主要因素，要保证体育课堂教学的有效性，就要设计好教学内容要素。我国的体育教学有统一的教学大纲和课程要求，教学内容也有明确的规定，但由于教学对象的不同学生的个体差异等因素，在教学中对教学内容的安排和设计也有很大的差别。对教学内容要素的设计要根据不同的教学对象，遵循学生为主体的教学原则，体现学生在教学中的主体地位。在教学过程中，它所起到的是方向性作用，为教师制定教学设计提供依据。但多少年来，体育教学很少去设计教学内容这个基本要素，总认为教学就是依据规定的教学内容去设计和安排教学，课堂教学环节和教学过程等体育元素才是教学设计最重要的要素。在2011年教育部颁发的《义务教育阶段体育与健康教育课程标准》中强调了体育教学设计要素的重要性，指出体育教学设计要素：（1）始终以保持学生的身体和心理健康为教学目标；（2）教学过程应当有利于培养学生锻炼身体的兴趣和正确的身体锻炼方法；（3）课程要以学生为主体，注意激发他们的创造性。

体育教学内容设计要素是进行教学的依据，但并不是一成不变的，同一个教学内容应该根据不同的教学对象而有所变化，要体现以学生为中心的教学原则，教学对象是教学内容设计要素的主要出发点，根据教学内容的不同要制定不同的教学设计，对教学过程的安排既要从学生的学习实际出发，还要根据教学内容去设计体育教学元素。在"蹲踞式跳远"教学设计中，作为教师，我们一定要在教育部颁布的《义务教育阶段体育与健康教育课程标准》的指导下，以教学的实际情况确立多层次的教学指导思想：在教学目的上，我们应当以《义务教育阶段体育与健康教育课程标准》为参考依据，始终坚持把学生的身体健康放在第一位，将学生的实际身体状况与教学目标相结合，制定出符合实际的教学设计；从学生的发展上，要遵守《义务教育阶段体育与健康教育课程标准》的指导思想，在制定教学设计时突出学生的主体地位，增加学生主动练习的环节，充分激发学生的兴趣和积极性，从而培养出学生体育学习兴趣和主动获得知识的能力。

结合以上概念解析和案例应用，我们可以得出以下结论：首先要依据新教育理论，再结合我们体育课堂中实践和贯彻终身体育的总体要求，从"健康角度"和"学生发展"出发，履行新《体育与健康课程标准》要求的体育教学观，紧跟时代的节拍，以学生为中心，注重开发学生的主体性和创造性。

教学内容是其他教学设计要素的依据。教学对象的学情是教学设计的前提。教学内容和教学对象是制定体育设计的指导思想和出发点。学情分析主要是指对学生的起点状态分析以及潜在状态分析两部分。学生的起点状态分析主要包括三个方面：知识维度（学生已掌握的知识基础）、技能维度（学生现有的学习能力）、素质维度（学生的学习习惯、学习态度和个人的意志品质）。学生的潜在状态分析主要是指学生将来有可能发生的状况以及趋势的分析，主要是在现有的基础上分析学生能够在知识与技能、过程和方法、情感态度价值观等达到怎样的高度。

具体到蹲踞式跳远教学设计当中，教师可以在多个方面进行充分的学情分析。首先在学生的身体特征方面，七年级的学生在身体上正处于急剧变化的时期，身体的外形以及各个系统器官都处于快速发展中，学生的身体具有极强的可塑造性，体育运动和锻炼对学生身体的发展具有极大的促进作用。其次在学生的心理特征方面，按照埃里克森的心理发展八阶段论阐述，七年级的学生正处于角色的自我统一时期，在模仿、观察、逻辑分析、可逆运算等方面都有很大的提高，他们接受知识和模仿技能的能力增强，很适合教授他们一些基本的体育运动知识和技能。但七年级的学生正处于青春期，会产生一些心理问题，主要表现在自我意识高涨与反抗心理。

结合以上概念解析和案例应用，我们可以得出以下结论：学情分析应该作为体育教学的前提，细致的学情分析是体育教学设计的重要保障。学情分析是动态的过程，既要重视课前备课时的学情分析，也要在课堂中对学生情绪变化做临时性的现场问诊，做出自己的判断，甚至课后对学情的反思也不能"过而了之"，应重视经验的总结和提炼。

（二）以教材分析为基础，把握好体育教学设计的关键因素

体育教学实际的关键性因素是教学目标与教学过程因素。教学目标主导了教学的方向，教学过程决定了教学环节的安排。这些要素的设计在体育教学中是关键因素，也是教学设计因素的重点和难点。而要设计好关键要素，教师就要理解和把握教材，对教材内容进行分析和处理。教材分析指的是在教师进行教学之前，首先通过个人或者团体对教材进行充分研修，把握教材的理念框架及系统性，理解每一节课教材中的各个知识点，对教材设计的思路进行整理并加以剖析，再针对体育课堂中应当展现的教学内容进行系统性、全方位的设计，教师的课堂教学设计是进行体育教学的首要环节，也是教学实践能否取得实效的关键性因素。

以《义务教育阶段体育与健康教育课程标准》为参考依据，教师可以从这样几个角度去分析"蹲踞式跳远"的相关教材。在整个教学内容的地位上，蹲踞式跳远可以说是基础

教育阶段体育教学的一项基本教学内容，它在锻炼学生的腰部力量、腿部力量、身体平衡性、身体柔韧性等方面都起着巨大的作用。通过多种形式的练习，还能使下肢肌肉富有弹性，培养学生积极进取的优良品质和获取成功的良好心态。

结合以上概念解析和案例应用，我们可以得出以下结论：在体育教学中，充分而全面的教材分析是整个体育教学设计的关键所在。分析教材时，首先要认真研读教材内容，再结合"教材定性"和"教学形式"，分析教材中的问题线索、教学逻辑、活动指向、目的关联等，教师需要依靠问题线索逐步探讨，才能让问题在课堂上得以解决。

1. 以分析教材为基础，设计好教学目标要素

教学目标是指教学活动预期要实现的结果，是教育目标和课程目标的具体化，也是教师完成课堂教学任务所要达到的要求及标准。教学目标相比课程目标更具体，是课程目标在具体的课堂教学过程中的体现。在体育课堂教学中，教师应当依照课程目标和具体的教学内容来制定详细的教学目标，以便选择教学内容和确定教学目标。

在"蹲踞式跳远"教学设计中，教师根据对教材和学情的分析，可以对七年级学生制定具体的教学目标，主要是让学生习得蹲踞式跳远的技能，掌握蹲踞式跳远的技术特点，使学生对蹲踞式跳远有一个理论上的认识，以正确的动作完成蹲踞式跳远。通过练习蹲踞式跳远，能够提高学生的肌肉系统、关节系统的平衡能力以及身体协调能力，提高学生的体质。通过蹲踞式跳远的练习，来树立学生的自尊、自信，培养学生勇敢、坚毅和果断的意志品质。在教学过程中，教师要采用讲解法、示范法、练习法等多种教学方法相结合的途径进行系统化的教学。

在教学中，对于同一教材，我们制定什么样的教学目标就决定了使用什么样的教学方法，目标设立的不同或者方法采用的不同，都可能导致课堂效果的不同。

2. 以重点难点为标尺，设计好教学过程

教学重点是根据教学目标，在对教材进行科学分析的基础上而确定的最基本、最核心的教学内容，一般是各个学科所阐述的最重要的原理和规律，是学科思想或学科特色的集中体现。教学难点是指学生通过学习仍然不能轻易掌握的知识和技能。重点和难点是两个概念，两者有时会有交叉，有时又完全不一样。

具体到"蹲踞式跳远"教学设计当中，教师可以根据教材以及学生的特点，设计出当堂课的重点和难点。其中教学重点主要就是上板积极，起跳充分，摆臂、蹬腿迅速，腾空高，踞平稳，小腿前伸缓冲，落地稳。从教学难点上分析，起跳、助跑、腾空和落地的衔接，把重点难点做如此清晰的界定的主要原因，是由于蹲踞式跳远的过程要领决定的，而掌握蹲踞式跳远这一整个过程则是这一堂课的重要教学目标。

结合以上概念解析和案例应用，我们可以得出以下结论：教学重难点是教学设计中的重要因素，是学生掌握教学内容的重要标尺。分析重点难点时，首先要从教材基本性质出发，了解该教材的编写特点，再结合"学生的运动能力"和"技术的难易程度"，确立体育课堂中教材的重点难点。

(三)以教学流程为平台,把握体育教学设计因素的应用

教学设计因素是相互区别又相互联系的设计要素,体育教学设计要素作为教学要素又是相互联系的有机整体。设计的目的是为了应用。应用好教学设计要素是教学效果的基本保证。教学流程实际上就是教学过程,教学流程主要包括导入环节、讲授环节、练习环节和巩固环节。

具体到"蹲踞式跳远",教学设计中教师可以将教学过程设计成四个环节:导入环节,在课堂开始之前,教师可以让学生观看一些蹲踞式跳远的视频以及图片,让学生对蹲踞式跳远有一个最初的直观认识,激发学生的兴趣。讲授环节,这一环节教师主要是向学生讲授蹲踞式跳远的基本动作要领,通过亲身示范,直观地展示蹲踞式跳远的过程,让学生习得蹲踞式跳远的动作要领。练习环节,为了增加练习环节的趣味性,避免练习的枯燥,教师可以让学生做一些与蹲踞式跳远有关的小游戏,例如顶球游戏,教师可以将球置于高处,让学生慢跑中用头顶球,这样来练习学生的起跳和摆臂的动作。总结环节,教师在练习过后对学生的练习情况进行总结,指出其优缺点,以此来巩固练习效果。

结合以上概念解析和案例应用,我们可以得出以下结论:教学流程关系着教学的实际操作,是教学设计中最为核心的环节。设计教学流程时,首先要准确地理解与把握好教材,再结合教材的"关系比重"和"教学重难点",相应地进行合理的认定和安排。在教学中,教师对教材本身的理解越深刻,对教学内容的使用就会更趋于合理化。教学形式在教学重难点和教学目标等方面加大分析力度,流程的设计就会更具有逻辑性和层次性,明确这一点能让教学流程层次清楚、简明扼要、一目了然,教学效果也将事半功倍。

通过前面几个基本要素的分析与铺垫,最后再制定出具体的体育课教案,体育课教案应该是指导思想、教材分析、学情分析、目标方法、重点难点和教学流程等最终的表现形式,这些基本要素的分析与归纳统称为体育教学设计。体育教学设计是体育教学重要的组成部分,其重要意义在于教师通过体育教学设计的制定,提高体育课的课堂教学效率,激发学生锻炼身体的热情和信心。

第二节 体育教学设计的现状

随着新体育课程教学改革的深入,我国体育课程改革理念有了很大改变,学生的主体地位意识得到了很好的改观。但我国传统教育思想理念根深蒂固,并且在新中国成立后很长一段时间内一直受苏联教育理论的影响,严重束缚了我国体育课程教学改革的思路。目前我国体育教学中学生主体地位意识薄弱,体育课程改革理念得不到很好的贯彻,还存在较多的问题。

一、目前体育教学中学生主体地位意识存在的问题

（一）传统的教学方式忽略了学生培养目标的多样性

受我国传统教育思想的影响，体育教师一直处于体育教学的中心位置，教师本身也把自己放在了主体地位，体育教师以传授运动技术技能为重要内容，强调学生要在教师的教导下完成教学目标。一般体育课的教学步骤是固定的，在教学过程中教师首先采用讲解示范对技术动作进行展示，随后指导学生模仿练习，纠正错误动作，最后通过让学生反复地练习达到掌握技术动作的目的。目前，大多数学校均采用这种教学程序，这种体育课程教学思想陈旧，教学目标单一，忽略了培养学生的体育学习意识目标，忽略了体育教学对学生身心发展的作用，忽略了对学生体育学习兴趣培养等目标。教师中心地位思想让教师极少考虑学生的学习感情，仅仅以为学生掌握运动技能就是所谓的学好了体育的全部的观念是非常片面的。这种单一传授方式在体育教学领域统治了许多年，自始至终都是政府、学校、教师自行安排课程内容与形式，然后在各个学校中进行推广，从来没有让学生自主选择学习内容和方式。学生只是一味地被动接受，学生没有机会表达自己的真情实感，我们也无从感知学生的体会，无法激起他们的主观能动性，学生的主体地位自然无法得到保证。

（二）体育教师忽略学生主体地位

我国在不同时期都有不同的教学计划，教学大纲也处在不断变化当中。体育教师在安排教学计划、设计教学内容以及组织形式时，大部分情况下都是按教师擅长的技能、学校的条件、教学环境等实际情况进行教学设计，很少甚至几乎不考虑学生的实际情况。这是教学设计中的大忌，但又是我国学校中实实在在存在的问题。由于每个学生的身体条件、心理素质，以及掌握的体育技能等方面存在较大差异，在体育教学过程中学生掌握技术的能力存在相当大的差距，有的学生很容易就完成了技术动作，有的学生需要很长时间可能掌握得也不好，教师如果一味地按照大纲教学，不考虑不同学生的身体心理变化，势必会使学生之间的差距越来越大，对学生的心理影响也越来越严重。如果此时教师和学生之间仍旧缺乏沟通，将会导致学生自信心受到严重的伤害。同学之间也会出现各种矛盾，最终学生不再喜欢体育课，对体育课程也会产生排斥心理。建立提高学生体质、增强学生体育学习的能力，以及让学生养成终身体育等目标最终成为泡影。

（三）体育教师与学生地位不平等，难以营造轻松的体育学习环境

良好融洽的师生关系是发挥学生主体意识，激发学生主观能动性，促进学生主动学习的关键因素。目前，我国学校教师和学生之间存在严重的不平等关系。在实际的体育教学

过程中，当学生出现不符合课堂要求的行为时，教师往往选择体罚的形式对待学生。学生无法和教师进行有效的沟通，师生之间的误会得不到及时解决，学生一直处于弱势地位，身体和心理承受能力一旦被打破，学生的学习态度将会产生根本性的变化。正处于青春期的学生还可能会出现逆反心理，如故意上课迟到、故意违反课堂纪律等现象。这种心理还会影响学生其他课的学习效果，体育课是调整学生心理的有效手段，不能成为刽子手，如此恶性循环下去，将对学生的全面发展产生不可估量的坏影响。

二、体育教学中学生主体地位意识教学设计

体育教学中，教师的主导性和学生的主体性是辩证统一的，两者是对立统一的，不可缺少任何一部分，亦不可过分追求其中之一，否则都会导致体育教学秩序的混乱。教师的主导性即指导性，是教师利用自己已有知识和技能在教学过程中指导学生的学习，从而实现教学目标。学生主体性是指学生在体育教师的指导下发挥自我主观能动性，向着教学目标积极学习。教师的主导性是为了学生更好地发挥主动性，学生的主动性也促使着教师主导性的发挥。学生的主动性不强，就客观地反映了教师的主导性存在问题，没有充分地调动学生的主观意识。学生积极主动学习反馈了体育教师主导性作用的良好发挥。教师的主导性越强学生主体意识也越强，说明了教师对学生的了解和学生对课程的兴趣。因此，体育教学过程中，教师主导性和学生主体性是相辅相成的、相互促进的关系，二者是不可分离的，是同一事物的两个方面。科学合理符合客观现实的教学设计也显得更加重要，以下提供的体育教学设计将有助于体育教师学生主体地位意识的建立。

（一）关注学生自身发展，确定以学生为本的教学理念

新时期体育课程改革目标改变了以往过于重视体育知识传授的问题，增加了强调学生主动性的学习态度，使学生在掌握基本技术知识的基础上，培养学生的体育学习兴趣，全面发展学生的个性，在体育学习过程中形成正确的价值观和世界观。体育教师在教学过程中一定要改变以往的教学理念，平等教师与学生的地位，不再以教师为中心，同时改变教学内容与组织形式，使内容多样化、组织形式开放化，从而最大限度地激发学生体育学习的兴趣。改以教材为中心为以学生为中心，尊重和承认学生间的个体差异，区别对待，因材施教，从而使学生体会到体育学习的成就感和幸福感，在体育课程学习上树立自信心。与此同时也要注意学生社会适应能力的培养，促进学生良好行为习惯的养成，体育课程的学习，不仅有助于提高学生的身体素质，更能在培养学生良好意志力、社会适应、优秀品格方面表现出强大的作用；关注学生的自身发展，以学生为本的教学理念可以保证学生主动积极地参与体育活动，促进学生的全面发展。

（二）建立师生和谐的体育教学环境和良好的教学气氛

愉快、轻松、平等的教学环境可以有效促使学生体育学习的效果，教学在体育教学过程中应该积极主动地去营造和谐、活泼、轻松、民主的教学气氛，提高学生学习的主动性和积极性，让学生在愉快活泼的环境中参与体育活动，让学生更深入地体会参与体育的娱乐性、重要性，更好地让学生建立对体育的兴趣，发展主动探索体育的求知欲，以及在实际生活中运用体育和创新性地发展体育技术技能的能力。师生间的良好沟通和交往是营造良好教学环境的基础，新时期教学改革要求教师转变角色，改以教师为中心为以学生为主体、教师为主导的观念，树立教学为学生服务的理念，做一个积极参与体育课程学习，大胆创新的引导者，在学生、教师之间建立平等的关系，从而高效地实现体育教学目标，实现学生个性的全面发展。

（三）科学建立全面合理的体育课程评价体系

所谓体育教学评价就是根据体育教学大纲、学科目标、运用课程评价方法和手段对体育教学活动和效果进行整体价值判断的过程，同时根据结果反馈对体育教学各个部分进行及时的修正，从而总结和获取成功的教学经验，更好地促进体育教学的实施。体育课程评价体系包括体育课程内容和环境的评价、体育课程组织形式评价、教师和学生的学习评价等内容。教学评价的意义在于通过对教师教学能力、态度和效果及学生学习能力、态度和效果的评价，让师生及时地发现教学和学习过程中存在的不足，并能够及时地进行纠正，从而更高效地完成教学目标。

体育课程教学评价方法手段以及内容要尽量做到全面科学，体育课程评价要做到从终结性评价向过程性评价转变；在评价主体上，将忽视学生评价向教师、学生等多方面共同参与评价转变；评价方法上将传统单一评价向多样化评价方向发展，真正发挥体育课程教学评价的诊断、反馈、定向、证明和教学等功能，促进学生主体性地位的发挥，让学生积极主动参与到体育课程学习当中，真正实现学生在体育课程教学中主体地位的目标。

（四）注重学生体育课程学习的情感体验

学生体育课程学习过程中，学生体育学习的情感体验和自身机体能力的变化有着非常密切的联系，两者是相辅相成、缺一不可的统一整体。学生良好的情感体验来自机体实际的体育活动参与，生动、活泼的体育课程学习的内容和形式能够充分调动学生积极主动参与，激发学生体育学习的兴趣。学生良好的身体体验能够带来精神情感上的满足，机体活动越激烈，情感体验就越明显，学生自身体育运动激发情感方面的体验，增加学生对体育知识技术的探索欲望，为学生养成终身体育未来良好运动习惯打好基础。教师的情感直接影响着学生的情感体验，教学不仅要做到体育课程内容形式的多种多样，还应与学生进行积极的情感交流,时刻注意学生的情感变化,及时化解不好的情绪,使教师和学生的情感在体育课程学习过程中产生强大的凝聚力,以求高效、高质量地完成体育教学目标。

新课改中一直在强调学生主体地位,其实学生主体地位的前提是在教师的主导作用下,两者关系达到平衡才能发挥教与学两方面的积极性,获得极佳的教学效果。体育课程教学中学生主体地位的核心是培养学生学会体育锻炼,提高运动能力,增强体质。教师学生主体意识应做到,在体育教学过程中要考察学生的认知现状、身心特征、教学环境,从而科学合理地安排教学内容,组织教学形式,为学生创建一个积极主动、轻松活泼的体育学习氛围,发挥学生主观能动性,以及探索精神,促使学生主体地位得到全面发展。另外,教师可以适当地让学生自主选择教师、自主选择项目内容以及自主选择学习时间、地点,只有在体育学习中为学生提供更多的选择,才能充分调动学生的主体意识,才能激发学生的创造性,同时学生的个性也才能得到全面的发展。学生主体地位必须要在教师正确的指导下才能很好地建立,学生主体地位不是说说就能得到实现,是需要政府、社会、学校、教师等因素共同的努力下才能得到实现。为了培养更多的体育人才,为了中国未来的体育事业,教师应摒弃旧思想接受新思想,认真贯彻课程改革目标,真正做到"以学生为中心",为国家培养更多身心健康的、心理成熟的、技术全面的、社会适应能力强的全面发展的体育人才。

第三节 体育教学设计的改革与发展

一、青少年体育运动技能教学情境设计

体育教学的发展一直以来都不够重视对运动技能的学习,全民体育也只是在于增强人的体质而发展提倡的,一说到运动技能,大家都会想到说那是专业运动员的事,但事实上运动技能的学习对每个人都很重要。随着全民体育的发展,学校体育、青少年体质健康问题引起社会的广泛关注。2015年,国家体育总局发布的《中国青少年体育发展报告》中关于青少年体质数据的统计首次把青少年体质问题推向高潮。2016年是十三五规划开局之年,本年度《中国青少年体育发展报告》以青少年体育规划与布局为主题,围绕已经颁布或即将颁布的青少年体育政策法规和发展规划,个人全面发展和终身体育发展的要求。因此,在体育教学中应加强对运动技能的学习,只有科学地掌握运动的技能才能从根本上提高学生的身体素质,不仅如此,运动技能的学习还可以提高学生对运动的兴趣爱好,激发学生对运动的热情。

（一）对青少年体育运动技能学习的认识

随着我国经济文化不断发展，人类的生活方式发生了重大变化，人们对自身的追求逐渐转向自身的健康，对健康有了更高的要求，同时对青少年的健康要求也越来越高。发挥家庭、学校、社区三位一体的联动机制，能够丰富家庭社区的体育文化，能够构成社区和学校体育资源共享。因此，若要想使青少年达到体育锻炼的目的，必须培养青少年终身体育的意识。伴随着各个相关政策的提出，全国各大院校在体育教学方面的改革成果也相继而出，主要针对现行的体育教学模式存在的教学弊端大，不能真正地把终身体育意识灌输给每个学生。

针对开放式运动技能研究的新进展，运动技能的教学分为开放式和闭锁式，开放式运动技能灵活性强，主体与情境的交互作用占主导位置；闭锁式运动技能则是预先的技术动作，灵活性差，教学方式单一，相对来说开放式教学更有难度，但更科学合理。开放式运动技能研究意义重大，在学校体育方面，关系到学生运动兴趣和运动技能提高的教学目标。

运动技能教学情境设计的必要性。实践证明，生动有趣的教学情境可以有效地激发学生的学习兴趣，促进师生互动，从而激发学生主动、积极的学习态度，让学生更好地掌握学习技能。那么，在短网运动技能教学过程中，如何设计出符合学生身心发展的情境，成为当前从事体育教师及教育工作者的一大难题。因此，本研究通过对体育这一运动项目特点的把握，根据开放式运动技能原理，合理有效地创设出适宜的运动技能教学情境，旨在为广大体育教师指导短网教学提供方向，并为体育在我国的发展和普及提供实践经验和理论基础。

（二）影响青少年体育运动技能学习各阶段的因素

第一，运动技能学习前期。运动技能教学的思维认知和内隐性知识的转化对于学生来说难度较大，尤其是内隐性知识转化为外显性知识，这是需要一个教学手段的强化过程。通过创设教学环境，使其知识学习外显特征的显现出来，囊括了学生对整体教学情境的认知以及基本技术的内化。因此，在这个阶段的主要学习影响因素包括教师的动作示范能力、将本体感知内隐性知识化为外化的教学内容组织能力、语言表达能力、学生对知识的理解、加工记忆的认知策略、技术动作模仿水平以及相关类似运动经验所导致的学习迁移。

第二，运动技能学习中期，技能学习中的联结得到进一步的强化。从学习过程讲，主体学习出于本体决策和本体应答行为学习阶段，需要进行瞬时合理的技术选择，以及做出合理的动作技术。其中本体决策知识教学仍然属于将内隐性知识外化的过程，需要学生掌握不同情境下的教学内容和战术知识。而本体应答行为学习内容是结合情境下的基本技术学习。因此，在这个阶段的主要影响因素有基本技术的熟练程度、结合情境下的不同战术要求的决策教学内容安排以及学生身体运动能力。

第三，运动技能学习后期，学习过程主要是对本体感知、环境外显特征、本体决策和本体应答行为学习效果的综合体现。这个阶段的主要影响因素是学生的技术熟练程度、战术掌握水平、身体素质、视觉和听觉的感知能力。

（三）青少年体育运动技能教学情境设计的路径

通过简化体育运动项目的规则，以体育游戏和比赛为中心，培养学生在各种体育运动比赛中分析问题和解决问题的能力。领会教学法经过多年的探索实践和不断的改进，目前已日趋完善。现根据体育领会教学法的教学模式结合开放式运动技能学习原理，将体育运动技能情境化教学设计流程分成六大部分：项目导入；比赛导入；战术意识的培养；预判能力的培养；运动技能执行；动作表现。

1. 体育项目导入

体育教学中运动项目的导入既是开始，也是关键。一个运动项目导入的方式方法不同，将会直接影响到学生学习的效果和教学质量。因而，在这一初始环节，教师要首先把握教学环境空间和单位时间，空间上表现在学生学习的环境，对体育的认识程度，对该运动的兴趣性，以及年龄、性别、身体素质等主观因素。时间上表现在教学中如何安排进行对该项目的初步认识，如何使其获取更直接感知经验，且在相同的空间范围内实现各个方面因素的协调。例如，通过短网运动技能教学情境的导入，将项目的特点各概念也穿插在其中，让体育运动的情境和问题能够直观的加以呈现，创造宽松有趣的学习环境，并引导学生积极、主动地思考自己与情境之间的关系，让学生来预判自己在可能的比赛状态中的角色，并主动地探索与分析自己可能遇到的问题，为下一环节做准备。

2. 体育运动比赛导入

在比赛讲述中也应该反复强化该项目的基本技术要领，导入比赛应该坚持循序渐进的原则，通过详细讲解和解答学生的疑问，能够让学生在获取亲身运动体验的同时进一步巩固该项目的基本技巧和要求，同时结合比赛的规则适当加强学生战术意识的培养，提高学生的灵敏素质，遵循比赛规则，有条不紊地巩固运动技能的学习。在这一环节，体育教师为了有效地激发学生的学习兴趣，让学生尽可能积极主动地参与到教学活动中来，可以采用主动设疑或者是设问式集体互动以及合作探讨的方式来进行，为下一环节做好准备。

3. 战术意识的培养

依据开放式运动技能学习过程原理，学生的体育战术意识得培养应贯穿整个教学的始终，只有这样才能激发学生学习的斗志和情绪，使学生能够在体验体育运动的同时获取比赛的归属感和认同感。设置教学情境在体育运动技能教学中，战术意识培养作为教学实践应用的第三环节。在这一环节，任课教师可以在体育游戏或者是体育比赛进行了一小段时间之后稍加强调，通过学生感官意识主动寻求战术战略以争取赛场主动性，如有疑问，可以展开小组讨论和交流，通过发表各自的意见来一起思考和解决各种疑问，从而在帮助学生了解和体会基本的体育战术的同时，实现对学生体育战术意识的引入和塑造。

4. 预判能力的培养

体育运动中青少年学生的预判能力是争取赛场主动的关键环节，也是学生灵敏素质的一种表现。学生对体育运动基本战术有了基本认识和体验之后，体育教师就可以组织学生进入预判能力的培养环节。在预判能力培养环节的导入也是基于前面几个环节，在此基础上实现体育游戏与体育比赛共融互通，即为以游戏丰盈比赛，以比赛促进锻炼，以实战来感染情绪，以情感认知获取预判意识，以预判能力应对复杂的赛场环境。那么，在这一环节针对两个关键问题：一方面"做之前的判断"，在瞬息多变的体育运动比赛或游戏中，学生要能够筛选各种复杂信息，通过运动经验的丰富和习惯于赛场环境气氛，形成直接的感官意识和行为习惯，对赛场信息进行有效合理的预判，使学生短网运动更为协调持久；二是"判断之后的行动"，要选择能够实现最佳效果的动作技能，也就是需要决定如何来做的行为过程。

5. 体育运动技能的执行

运动技能执行这一环节考查学生的赛场执行应对能力，也是预判能力的继续。行为执行力是在原有感知经验的基础上，配合战术意识使用体育运动技能技巧，也是配合体育运动比赛中的战略战术实现的目标前提。例如：学生运动技能行为执行不当，战术配合就失去了原有的效果，之后再通过反复练习总结经验，再联系再总结，在游戏中纠正，在比赛中锻炼。以使学生的运动技能执行能力逐渐趋于成熟，为下一环节的导入奠定了基础。通过在运动技能执行阶段来掌握动作技巧，是提高学习效果的重要途径。

6. 体育运动动作的表现

动作表现是教学情境引入的最后环节，通过动作表现能够反映学生运动技能的学习程度，这也是在完成运动技能执行阶段之后设置这一环节的原因。学生就应借助反复的练习和比赛来实现所学习的体育动作技能和战术观念的实践运用，并以此来提升自己在体育运动中的技能。体育教师在动作表现阶段主要扮演的是纠正者或反馈者的角色，在整个教学环节中教师应始终引导学生正确的运动技巧、方式、方法，通过语言和肢体感官信号刺激，使学生能够快速领悟运动的奥妙之处，进一步加深学生对短网运动项目的认知和情感，这将会直接反馈到学生自身的动作表现当中。

二、体育教学改革的媒体设计

视听教学媒体是科技产物，运用教学媒体能够改进教学效果，已经成为教师必备的教学技术，虽然影响教学效果的因素很多，但运用视听教学媒体是提升教学效果的重要因素之一。基于此，对体育教学改革的媒体设计进行初步的研究，对于体育教育教学改革具有重要的意义。研究认为，在以目标为导向的体育教学与学习历程中，体育教师的教学行为功能一般包括，组织有效的学习环境；编排合理、渐进发展的学习内容。新世纪的体育教师，必须具备视听媒体的运用与制作能力，以适应体育教育教学的创新发展。

(一)体育教学媒体系统化设计

在以目标为导向的体育教学与学习历程中,体育教师的教学行为功能包含组织有效的学习环境,编排合理、渐进发展的学习内容,适时适地为学习者提供动作技能的反馈信息。笔者尝试以体育教学媒体作为体育教学的系统化设计,其项目诠释分析如下。

(1)分析条件。

首先要分析任教学校的环境条件,如场地、设备、器材、经费、师资、校风、社区背景等,也要理解学生本身的条件,如兴趣、能力、性别、年级、文化背景。

(2)制定学习目标。

在了解学生的需求之后,就要设定学生的学习目标,没有目标的教学活动则是盲目的,所以应该制定符合学生需求、不违背教育目标和国家政策,同时让学生能够达到的教学目标。而体育教学是一连串复杂动作的交互作用,所以教学目标的拟定,应以单元教学的概念基础,做出整体的教学规划。

(3)选择或制作教学媒体。

针对一节课或单元教学的内容,搜集相关的媒体,设计新的媒体或翻制已有的媒体,当然也要注意版权的问题,必要时要征求原作者或出版者的同意。

(4)媒体规划。

媒体选定或制作完成之后,如何去利用媒体,媒体的使用需要多久的时间,教室场所的准备和必要的设备或仪器的操作以及课堂上的讨论和分组活动、学习团体等必须预先做出计划安排。

(5)运用媒体。

视听媒体运用到教学活动上,固然有其功能、意义及时代特征,但也有其限制,所以视听媒体不能是教学的全部,而应该是从属教学、增强教学效果,因此教师不能失去自己应有的角色和职责,应该结合媒体的使用,加以解说、运用、引导、提示等,以便取得积极的教学效果。

(6)学生的反应。

学生期待学习什么以及如何表现出较为具体的目标,能够立即给予教学反馈,达到教学互动的作用。

(7)评测。

评测教学的有效性是非常必要的,必须对整个教学过程及进度做一个评量,以合理评估教学效果。

(8)分享。

各级图书馆或视听教育馆、资料中心、文化中心等文化教育机构,有时会印制一些政府出版品及印有该馆或该中心所储备的视听媒体目录,当然也包括体育教学媒体目录,这些资料有的必须亲自索取,有的则可以通信索要。有些图书公司为了宣传,也会印制样品或目录，可以联系取得，以供教学使用。

（9）运用社会资源。

上述文化教育机构，大多设有视听中心或视听室，可以申请使用。一般情况下，这些媒体大多不能外借，只能现场观看，也可以自行拷贝，不过这可能涉及版权及图书馆的管理问题，不容易实施。博物馆、文化教育中心等文化教育机构，有时也会举办一些和教学有关的展览或表演活动。

（二）体育教学改革的媒体设计原则

1. 建立关系，创造机会

网络社群对于运动员来说可建立关系，累积人脉资源。当个人名气上升的同时，更要谨言慎行，爱惜自己的羽毛，尤其在今日媒体发达的时代，匿名攻击或公开漫骂指责事件时有所闻，如果一不小心，也可能成为八卦新闻的主角或无辜受害者，因此在建立关系的同时也要建立过滤机制。

2. 与支持你的人进行互动，不再有距离感

对于支持你的人来说，你是一个在体育场上的巨星，可能平常不会有任何的交流机会。现在你可以与他们在网络社群中互动，对他们来说，这是一件很酷的事。这些充分表现出你的亲和性与诚恳态度，因此对自己的言行举止要负起责任，以此提升你个人的良好形象。

3. 增加知名度

当支持你的人达到一定的数量，就可以充分表现出你的知名度。同时赞助商也可以看出你的潜在的商机。不过，在成名的同时也要随时保持谦虚的态度，用一种可持续经营的态度来经营个人的职业生涯发展。

4. 社群成瘾

长期使用网络社群会造成社群成瘾，对运动员来说并不是件好事。因为你还有你应该需要努力的战场，规划时间管理能有效减少成瘾的发生。一定要注意培养自身在课堂上的专注力，以免成为网络成瘾症的低头族。

5. 不当发言

不恰当地发布动态言论，容易造成无法挽回的后果。谨慎地检查你的每一个想要发布的动态信息。一个无心的信息，可能会影响运动员的个人形象，甚至导致参赛资格的丧失。

运用教学媒体的关键，在于教师是否认真负责，尤其在体育教学方面，许多技能都是很精细、复杂的，有些是抽象的，因而提出体育视听媒体教育具有重要意义。以前视听教育的观念，教学教具是一种辅助教学的工具，这种辅助工具的含义是消极的、保守的，仅是辅助教学，范围过于狭窄。随着教育工程学的兴起，将教育的领域提升到一个新的境界，它是以心理学及教育学为基础，广泛地运用科学的方法、技术及产品，进而研究解决教育问题。媒体教育理论认为，任何形式的资料、资源和设备，应用在教学上都可以称为教学

媒体。因此，21世纪的体育教师，必须具备视听媒体的运用与制作能力，以适应体育教育教学的创新发展。

三、休闲教育理论视角下的高校体育教学设计

体育教学设计是为体育教学活动制定蓝图的过程，它规定了教学的方向和大致进程，是师生教学活动的依据。教育部2015年年底发布的数据显示，中小学生身体素质在多年下降之后变好，而大学生身体素质下降的现象却并没有得到改善。我国高校面临着大学生竞技水平的提升与身体素质的下降形成的巨大反差。高校体育教学在"普遍有闲的社会"背景下该何去何从呢？随着全民健身上升为国家战略，我国高校体育迎来了最好的发展时代，教育和体育正向"同谱一首曲、同唱一台戏"转变，"体教结合"正朝"体教融合"迈进，提升运动能力、增强学生体质、培养完善人格成为高校体育三位一体的目标。当前，我国所进行着的这场伟大的、深刻的、史无前例的社会转型和教育改革呼唤人性美的回归，关注人文精神的培养，注重人格的完善与发展，让高校体育教学真正"为终身体育而教，为自身全面发展而学"。

（一）休闲教育在体育教学中的语义呈现

"休闲"源于希腊语"Shole"，英文为"leisure"，意为休闲和教育，在娱乐中伴随文化水平的提高。曼蒂和L.奥德姆(JeanMundy&LindaOdum，1979)对休闲教育的论述被认为是当前对休闲教育最完整的认识。他们认为休闲教育是一场使人能够通过休闲来改善自己生活质量的全面运动；一种使人能够在休闲中提高自己生活质量的方法；一种贯穿于从幼儿园以前到退休以后的终生教育；一种通过扩大人们的选择范围，使他们获得令人满意的、高质量的休闲体验的活动；一场需要多种管理机制和服务体系共同发挥作用承担责任的运动。它体现在人类生活的方方面面，对休闲教育的研究通常与其他学科相联系。心理学层面上美国心理学家奇克森特米哈伊认为，休闲教育是一种不需要外在标准界定的具体活动，是有益于人健康发展的内心体验，它重视人的自由、满足、愉悦、幸福等内心的感觉而不是外在的活动形式。哲学层面上我国学者马惠娣认为，休闲教育是人的一种生命状态，是一个"成为人"的过程，是人完成个人与社会发展任务的主要存在空间，它不单是关注寻找快乐，更重视休闲与人的本质之间的联系，即寻找生命的意义。社会学层面上美国休闲学者奇克与伯奇认为，休闲教育是人与人之间关系的发展和增进的社会空间。它强调人与人之间的联系并同时发展人的个性的生活方式和生活态度。

随着人们对休闲与教育、体育之间关系的深入研究，对知识、教育、课程本质和功能认识的发展，体育课程正从经验型、科学型向文化型或生活型转变。在休闲推动教育改革的同时，我国学校体育教育面临着休闲时代到来的巨大挑战。鉴于休闲时代体育功能的蜕变，一些时尚、轻松且具有休闲价值的体育项目进入高校体育课程成为教学内容的"新宠儿"。我国学者普遍认为，休闲体育教育将取代知识身体教育，休闲教育思想以重视人的

自我表现，关注人"成为人"的过程，引导追求真善美的生活逐渐融入高校体育，成为推动 21 世纪学校体育改革和发展的重要内驱力。

休闲教育不是把休闲内容当作事例在课堂上讲解，不是以娱乐或娱乐职业的价值为核心，也不是向所有人鼓吹同一种休闲生活方式，更不是一门或一系列课程。著名的休闲教育家布赖特比尔认为，休闲教育是一个缓慢的、循序渐进的过程，需要传授一定的技巧并要练习这些技巧。休闲教育很难以独立课程的形式存在于学校的体育课程中，但是并不影响休闲教育渗透在体育课程教学中，使体育教育过程更具休闲色彩。把休闲引入体育教学中，并非否认体育教学目标的重要作用，而是把休闲作为体育教学模式设计的一种新的思路，体现出休闲的理论参照价值。休闲教育与体育教育融合的主要做法：①休闲理念在体育教学中的渗透；②在体育教学中插入休闲活动；③把休闲活动当作一种体育教育资源；④教师适时对学生的休闲活动做出积极评价；⑤通过体育平台帮助学生了解获得各种休闲活动的知识、技能的途径。鉴于高校体育教学内容发展演进过程中所表现出的时代性特征，结合当前高校体育增进青少年健康的历史使命和如何实现"休闲"和休闲生活方式养成中所面临的困境，本研究将从休闲教育的视角对体育教学设计系统进行探讨，希望能够得到全新的启示。

（二）休闲教育与大学生体育教育结合的依据

1. 休闲教育与大学生体育教育结合的理论依据

2007 年 4 月国务院颁布的《关于全面启动全国亿万学生阳光体育运动的通知》指出，要"精心策划，认真研究制订方案，吸引广大青少年学生走向操场、走进大自然、走到阳光下，积极参加体育锻炼"。2007 年 5 月《中共中央国务院关于加强青少年体育增强青少年体质的意见》指出，要认真落实健康第一的指导思想，把增强学生体质作为学校教育的基本目标之一。要"根据学生的年龄、性别和体质状况，积极探索适应青少年特点的体育教学与活动形式"。这两个文件再一次阐明了学校体育要坚持"健康第一"的重要思想。不同的是，"阳光体育运动"代表了今后增强青少年体质的一种具体的组织形式，中央 7 号文件则提出了要探索科学、合理的体育教学与活动形式。2016 年 5 月 6 日国务院办公厅印发的《关于强化学校体育促进学生身心健康全面发展的意见》（国办发〔2016〕27 号），指出，学校体育要遵循教育和体育规律，以兴趣为引导，注重因材施教和快乐参与，定期开展阳光体育系列活动和"走下网络、走出宿舍、走向操场"主题群众性课外体育锻炼，为学生养成终身体育锻炼习惯奠定基础。从 2007 年的中央 7 号文件到 2016 年的 27 号文件，9 年来中央和国家对学校体育和学生体质状况可谓高度关注。这些文件的出台，为高校体育教育指明了方向：今后的高校体育教材内容建设应当是在保持共性特征的同时发展个性；在保留传统项目的同时发展不乏时代气息的现代化休闲项目；在发展体能、技术的同时发展个性和健全人格；在发展学生体质的同时渗透休闲教育；用休闲教育功能破解高校体育教育中出现的发展性问题有着独特的社会价值。

2. 休闲教育与大学生体育教育结合的现实依据

高校体育课程改革，遵循时代发展要求，在《全国普通高等学校体育课程教学指导纲要》（2002）的指导下，课程目标、结构、内容、教学方法、资源开发等方面发生了巨大的变化。特别是灵活的选课方式及时尚运动项目的引入等措施为高校的体育课堂增添了许多活力，得到了广大师生的一致认可。但这种人性化的教学模式面对十二年应试教育后的大学生如何养成参与体育休闲的习惯、大学生闲暇时间的增加与体质健康休闲能力低下之间的矛盾如何得到解决、大学生体质健康下滑趋势如何得到有效控制等学生体质健康状况与社会需求逐渐脱节的现实出现了一些新的矛盾和问题。在体育教育改革实施素质教育、复归教育本性的推动下，休闲课程作为教育课程或体育课程逐渐走入高校，实现休闲教育和体育教育的再次融合，推动了休闲体育教育的诞生。休闲教育理论为大学生体育教育提供了一个崭新的切入点，通过这个切入点可以反观当前大学生体育教育存在的不足，并寻找探索解决这些不足的新路径，如关于高校体育教育目标体系如何体现休闲体育教育时代性，如何进行"休闲运动项目"的教材化改造，并使之与竞技运动项目、民族传统体育项目相得益彰等问题。这些问题的解决，最根本的将依赖于教学目标、教学内容、教学模式等的革新设计。

（三）休闲教育视角下的体育教学设计

1. 休闲教育视角下高校体育教学指导思想的设计

遵循《纲要》要求，以休闲教育为核心，确保高校体育教学指导思想多元化的常态实施。体育教学指导思想是指在体育教学的实践活动中，直接或间接形成的对学校体育教学的认识或观点，并对教学活动方向起指导作用。纵观我国学校体育百年来的发展史，其实就是体育课程目标的多元化带来的教学指导思想多元化的演化史，即从"军国民体育思想"到"快乐体育思想"的演化，从"教化自然身体"到"知识身体教育"的推进。对我国经历的"体质教育""三基教育""全面教育""竞技体育""快乐体育""终身体育"等多种教育思想，不同学者见仁见智，众说纷纭。多种教学指导思想的存在和实施会活跃体育教学，促进体育教学模式的多样化发展，有利于对体育学科特质的认识和对体育功能的开发。

高校体育工作者逐渐认识到休闲时代体育功能的嬗变，在"健康第一"思想的指导下，针对我国大学生闲暇时间的增加与科学健康休闲能力低下之间的矛盾，根据《全国普通高等学校体育课程教学指导纲要》提出高校体育课程的五个方面基本目标，尊重兴趣、健康、适应、体质、素质等众多体育教学思想，把休闲教育、生命教育、生存训练融入体育教学，确立了参与休闲运动、养成休闲习惯、掌握休闲技能、注重体验过程和增进健康素养等新的高校体育教学目标取向。高校体育教学目标向多元化、多层次、多方位方向发展，使得体育的休闲化、娱乐化趋势日益明显，组织化程度日益加强。休闲教育视角下高校体育教学将以休闲教育为核心，以尊重学生的生命、人格、个性、差异和自由为原则，通过休闲价值观的阐释和现代休闲方式的规范，达到培养学生休闲兴趣、健全学生体质以及提升学生终身健身意识、习惯、能力的目的。

2. 休闲视角下高校体育教学模式的设计

积极探索，促进休闲与体育交融、兴趣和健康提升的体育教学模式不断创新。体育模式的创新是体育教学永葆生机活力的重要保证。当前我国高校体育教学模式犹如百花齐放，有代表性的有"三自主""三互动""三自治""三开放"模式，选项课＋教学俱乐部＋选修课体育教学模式等。各模式采取的组织形式也不尽相同，主要有分层次教学、快乐体育教学、情景教学、体育俱乐部教学、课内外一体化教学等，使得我国高校的体育教学处于多种教学模式和多种组织形式并存的局面。不同的教学目标产生不同的教学模式，某一模式是为某一目标服务的。评价某一模式的优劣，以最后是否达到教学目标为依据。所以，休闲教育视角下高校体育教学模式必须根据教学目标取向的多元化而建立，必须在发扬传统教学模式优点的基础上，通过教学内容创新和重视学生学习过程体验，有效推进传统教学模式和组织形式的不断创新。其主要体现在两个方面：

形式上，不断改进教学方法和组织模式，尽可能多地应用现代教育技术，"突破"熟悉、初步掌握、泛化、熟练掌握"四阶段"，讲解示范、练习、纠错、再练习"四过程"传统的体育教学过程，实施不以通过比赛追求成绩，不以崇拜力量为目的，突出教学过程的休闲性和学生的乐趣体验；内容上，根据新兴时尚运动休闲项目的受欢迎程度，实施以休闲教育为重点的内容"重构"来满足大学生的不同休闲需求，实现娱乐性、健身性、开放性与文化性的整体融合。从发展趋势来看，俱乐部型体育教学模式将成为今后我国高校体育教学的主要模式。各高校可以借鉴发达国家的成功经验，积极实施以休闲为中心的俱乐部制休闲运动教学模式，主要做法是：根据高校人才培养目标，结合大学生对休闲体育的需求，培养和建立终身休闲体育意识，掌握 1～2 项长期从事锻炼身体的技能和方法，充分发挥个人的体育才能、兴趣与爱好，为终身健康奠定基础。

3. 休闲教育视角下高校体育教学过程的设计

在体育教学中插入休闲活动，突出教学过程的乐趣体验，重视以休闲教育为核心的养成教育。我国高校体育教学面对多种教学模式，其组织形式和教学方法存在的问题主要表现在以下方面：一是缺乏针对性，众多体育教学思想一齐涌入高校体育课堂，教学主题分散、任务繁重，体育教师面对一节节具体的体育课时，感到的是一种茫然无助；二是缺少内涵，体育教师的休闲技能参差不齐，为了完成教学任务，拼凑的花样繁多、内涵却有所欠缺；三是形式简单，因担心教学事故，过分强调学生主体地位，突出新颖自由，普遍存在淡化运动技术，内容与手段过于简化，学生课堂练习的密度与强度很难达到所需要水平；四是形式匮乏，以教师为中心、技能教学为主依然很重，学习氛围过于严肃，教学效果却不理想。

毛振明在《体育教学论》中指出，体育教学的过程是体验运动乐趣的过程，这种乐趣是体育运动生命力的体现，也是体育教学的学习目标和内容。学者刘海春认为，教会学生如何掌握运动技术技能固然重要，但经过应试教育的大学生学习生活幸福与否，决定因素是他自己的休闲价值观，它支配着大学生对休闲生活方式的选择，决定着大学生业余活动的内容、频率与持续的时间。所以休闲教育视角下高校体育教学过程应是：在中小学体育教学的基础上，用合理的组织形式和科学的教学方法，向大学生提供规范化的休闲方式，帮助大学生养成健康的休闲习惯，使其成为"社会人"。教学过程既不以通过比赛追求成绩，也不以崇拜力量为目的，在接受"团队精神""遵守游戏规则""公平竞赛"等人生教育的同时，教师的主导作用逐渐淡化，学生的主体地位在不断增强，传统的"讲解—示范—练习—纠错—再练习"的教学范式逐渐被"分组练习与比赛"等具有自主学习特征的教学组织形式和"目标引导"等具有合作学习特征的教学方法取而代之，师生交流与"双边互动"成为体育教学的新时尚，体育教育诸多环节进步明显。

4. 休闲教育视角下高校体育教学内容的设计

革新优良传统项目、延续校本和特色项目、吸纳新兴时尚项目，挖掘各项目的休闲功能，提升体育教育的文化品位。高校体育教学内容要为教育目标服务，如果体育教学通过丰富多彩的内容和诸如游戏、课堂竞赛、素质拓展等教学手段，让学生在体育教学中享受身体活动乐趣，将有助于学生整体素质的提高。相关研究表明，我国高校体育教学内容存在诸多问题：一是与中、小学教学内容交叉重复、形式雷同；二是校本课程开发力度不够，照抄照搬，缺乏特色；三是休闲体育项目为迎合学生，盲目求新、求异；四是受场地设施条件和教师休闲技能的制约，新兴时尚项目难以开展，已开展的效果不佳。休闲教育视角下高校体育教学内容的设计，要围绕"健身"和"休闲"两大教育目标，必须以是否适应终身锻炼要求，是否与社会接轨，是否与未来职业相适应为原则，以培养现代休闲体育生活方式为重点的内容"重构"。其主要表现在以下方面：

一是对本校优良传统项目进行革新，譬如"三大球"等传统内容"改装"成三人制篮球、五人制足球、趣味排球等；二要延续校本和特色项目，譬如羽毛球、乒乓球由于运动量适中，方式优雅、灵巧，受到学生钟爱，应大力推崇，舞龙舞狮、腰鼓、轮滑、龙舟、武术等具有地区特色的项目应发扬光大；三是吸纳新兴时尚项目，一些时尚、新颖、刺激的休闲项目如街舞、定向越野、野外生存、台球、桥牌、攀岩、保龄球、极限运动、轮滑等，要有选择地走进体育课堂并逐渐固化为教学内容，以最大限度满足学生多元化的体育需求。挖掘运动项目的休闲功能和休闲运动项目的引入，即使没有也不可能动摇竞技运动项目在教材体系中的主体地位，"竞技运动的休闲化"和"休闲运动技术的规范化"将二者紧密联结，建立以人为本、淡化竞技、注重健身、添加时尚、增强意识、发展个性、养成锻炼习惯为中心的新的课程体系，将进一步提升体育教育的文化品位和精神内涵。

5. 休闲教育视角下高校体育教学评价的设计

适时对体育教学中师生的休闲活动做出积极评价，建立一个评价主体多元化、评价内容多层次化、评价方法多元化的激励机制和评价体系。体育教学评价是按照体育教学性质和教学目标，采用各种评价手段对教学各环节进行分析、判断及提供决策的过程。它既是检查教学效果的手段，同时也是一种激励措施。调查显示，我国高校体育教学评价手段主要表现为以下方面：根据《国家体育锻炼标准》《体质测试标准》对学生的学习结果给出一定成绩；根据课时工作量、学生评价、学校教学督导随机听课抽查等对教师的教学效果进行指标量化。这样的评价结果手段单一，很难激起师生的教学热情，也很难对高校体育教学进行科学的评价。因此，探索为学校、教师、学生服务的新途径，调动其积极性和创造性，健全高校体育教学评价制度势在必行。

  休闲教育视角下高校体育教学评价的设计，是按照体育教学目标多元化、多维度的要求，根据教学模式的不同、教学过程中教与学的规律和政策，建立起相互激励的多维度评价体系。首先，对于学生学习的评价，要按照《纲要》的要求明确学生的学习是学习过程和效果的评价，除了考核身体素质、运动技能方面的指标外，还要根据学生的课堂表现、健康知识、课外锻炼、个体差异，学习态度、锻炼能力、意志品质等方面进行过程性评价。利用相对性评价与绝对性评价结合对有个体差异学生给予定性评价；根据学生的体育基础、学习进步程度，进行一定的分层评价，在统一的标准要求下，可以定性地给出不同层次学生的相应成绩。其次，对于教师教学的评价，要结合学生评教、督导评价、领导评价、同行评价等多方考核，制定出一套较客观、公正，具有说服力的量化评价办法。在教师的业务考核、职务评聘和评优、评先中，应以教学为重要依据，以体育素养、教学能力、科研能力、教学效果和敬业精神等为考核指标。各高校应从理论知识水平、教学内容与方法、教学态度、课外体育教学参与程度、继续教育情况、学生反馈等方面建立起一个评价主体多元化、评价内容多层次化、评价方法多元化的激励机制和评价体系。

  高校体育是实施素质教育和培养全面发展的人才的重要途径。休闲教育视角下高校体育教学改革的推进是一个系统工程，必须由学校、教师和学生通力合作才能完成。体育教学的主体、客体和教学内容、教学方法、教学模式等构成了一个有机的整体，在教育运行过程中，各个要素既要发挥各自的作用，体现各自的功能，又要协调配合，通过各环节的超循环运转，按照《纲要》的要求，遵循教育和体育的发展规律，在课程目标、课程结构、教学内容方法、课程建设与资源开发和课程评价等方面，尽可能地实现终身教育、素质教育、人本教育、生活教育等多种教育诉求。

第六章　高校体育教学训练方法路径

第一节　力量素质和速度素质训练

一、力量素质训练

多数体育生都是在高二才开始加入体育训练的队伍中来，由于没有长期系统的进行专业训练，想要在短期内迅速提高运动能力进而取得优秀的体育高考成绩极易在训练过程中走入误区，造成运动成绩起伏不定、停滞不前的现象。体育高考主要分为身体素质和球类两大考核部分，力量素质作为身体素质的重要组成部分，将直接影响体育高考的总成绩。因此，如何在力量素质的训练过程中，避免误区争取训练效果的最大化显得尤为重要。本节将从以下几点对力量训练的注意事项进行阐述。

（一）力量素质的发展既要全面也要突出重点

机体作为一个有机的联系整体，不能单独靠某一部分的肌肉发力来完成动作。针对相对复杂技术动作，需要全身不同肌肉群的整体配合工作才能完成。通过世界男子百米大战可以看出，优秀运动员均重视全身肌肉力量的协调发展；而不是单纯强调下肢或局部力量素质的发展。因此，在发展力量素质的过程中，在发展下肢力量素质的同时也应该加强上肢和胸、腰、背和臀等各部位大肌肉群的锻炼，同时也要注重发展核心部位的深层次肌群和其他薄弱小肌群力量。

（二）做好充足的准备活动，训练结束后要及时放松肌肉

在正式参加比赛或训练前一定要做好各项准备活动。准备活动可以提高中枢神经系统的兴奋水平，增强机体对大负荷强度刺激的感觉；增强氧运输系统的机能，从而提高工作机群的代谢水平；此外还可以使体温提高，降低肌肉的黏滞性增加弹性；让肌肉发挥最大的收缩的力量，有效地预防肌肉损伤。力量训练结束后，由于乳酸的堆积使得肌肉常常会出现充血肿胀的现象。因此，在力量训练结束后要及时采取各种活动性手段、整理活动或保证良好的睡眠质量、合理的营养补充，以及按摩理疗等方式，使肌肉得到充分放松。

（三）注集中注意力，加强安全保护意识

肌肉活动是在中枢神经系统的调节下进行的，力量练习时要注集中注意力。充分靠目标肌群有效发力完成动作练习，真正做到使意念活动与练习动作紧密保持一致；练哪里靠哪里发力。这样不仅可以使肌肉力量得到更好的发展，还能有效降低在大负荷练习时的受伤概率。另外，为了加强在力量练习时的安全性，还应加强学生的自我保护和互相保护意识，在大负荷重量练习时严禁单独训练。在临近力竭时，更应该注意加强同伴之间的保护，预防安全事故的发生。

（四）与专项动作相结合，保证技术动作的规范性

不同的专项动作有不同的技术结构，要求参加工作的肌肉群力量也不同。如投掷类项目要求学生竭尽全力地获得最大的加速力量。因此，在力量训练的过程中要根据专项技术的动作结构来选择恰当的练习方法，从而更好地获得发展有关肌群力量的效果。在实际力量练习时，必须按照相关动作的技术规格要求严格进行，否则由于身体姿势的不正确导致技术动作变形，不仅会影响目标肌群的训练效果还会增加运动损伤发生的概率。例如，在进行杠铃深蹲练习时需要双眼平视前方，始终保持收腹挺胸腰背部挺直；靠大腿、核心部位肌群协同发力。针对大负荷训练要系好腰带；严防弓背的出现。为了进一步加强安全保护，可以在杠铃两侧安排两名保护人员以防腰部损伤。

（五）要掌握正确的呼吸方法

憋气有利于固定胸廓，提高核心肌群的紧张程度，有效的憋气可以提高人体在极限状态下完成动作的最大力量。有学者研究发现，人在憋气状态时背力最大为133公斤；在呼气时为129公斤；而在吸气时只有127公斤。尽管如此，也应该注意到过度用力憋气会引起胸廓内压力的提高，使动脉的血液循环受阻，而导致脑贫血，严重的甚至产生休克现象。因此为避免憋气产生不良后果，当短时间内完成最大用力时，应尽量避免憋气，尤其在负荷不大的重复做练习时，更不要憋气。针对初始训练者，应尽量减少极限用力的练习。引导其在练习过程中学会正确呼吸；此外尽量减少在完成力量练习前做最深的吸气，因为过度深吸气会增加胸廓内的压力从而导致练习效果不佳。

（六）要制订系统的训练计划

根据用进废退的原理，力量素质训练应全年系统安排，不能无故中断。相关研究证明，力量增长得快，在停止训练后消退得也快。但是，发展力量素质练习不宜在疲劳的状态下进行，因为这种状态下的练习主要发展的是肌耐力而不是肌力量；可能还存在潜在的安全隐患，训练效果更是大打折扣。

力量素质训练应该依据不同人群、不同项目以及训练任务的不同而区别对待，负荷的

安排应具有明显的周期性、波浪式特点。力量训练课的次数应根据训练课所处的阶段和周期、需要达到的具体目标、训练者的年龄、性别、身体状况,特别是现阶段的训练水平等做出具体安排调整。需要注意的是在体育高考前半个月内,应尽量少对大肌肉群采用极限负荷的练习。在每次训练中,先安排发展最大力量、速度力量,最后在安排力量耐力的练习。

在进行发展力量素质的训练课中应使各全身肌肉群得到充分锻炼。一般按照从下肢肌肉群到核心肌肉群再到上肢和肩带肌肉群顺序进行的练习。根据专项训练动作应先安排复合动作使主要的大肌群得到锻炼,然后再安排孤立动作使局部肌群得到充分锻炼。

力量性训练作为身体素质的重要组成部分,对体育高考总成绩发挥起着至关重要的作用。教练员应该高度重视力量素质的训练,掌握有效的训练方法。确保学生在有限的时间内不断提高训练水平,为体育高考做好充分的准备。

二、速度素质训练

速度素质是指人体快速运动的能力,包括人体快速完成动作的能力和对外界信号刺激快速反应的能力,以及快速位移的能力。现代中职院校学生身体速度素质和十年前相比明显不足,学校体育教师、教练员可结合实际提高以下几个方面认识,加强对学生速度素质的培养,全面提高学生的速度素质,从而带动学校体育活动的开展。

(一)速度素质包括反应速度、动作速度和移动速度

反应速度是指人体对各种信号刺激快速应答的能力。动作速度是指人体或人体一部分快速完成某一个动作的能力。移动速度是指人体在特定方向上位移的速度。以单位时间内机体移动的距离为评定指标。一位具有良好移动素质的运动员,不一定具有良好的反应速度。

(二)各项速度素质的训练应明确的问题

1. 反应速度训练应明确的问题

首先,反应速度由神经反射通路的传导速度所决定,基本属于纯生理过程,不受其他因素影响。纯生理过程的提高是相当困难的,很大程度上取决于遗传因素,通过训练可使学生运动员潜在的反应速度能力表现出来并稳定下来。其次,在训练中学生运动员注意力集中与不集中大不一样,运动员注意力集中,可使神经系统处于适宜的兴奋状态,使肌肉处于紧张待发状态,此时,肌肉的反应速度比处于松弛状态时可提高60%左右。这种状态也有时间限制,一般适宜时间为1.5秒左右,最多8秒。因此,短跑运动员在预备起跑时,要紧紧地压住起跑器,把思想集中于准备迅速迈出第一步。最后,反应速度的提高在很大程度上取决于运动员对信号应答反应的动作熟练程度。在进行反应速度训练时,还要经常改变刺激因素的强度和信号发出的时间。

2. 动作速度训练应明确的问题

提高应与掌握和保持正确的技术动作紧密地结合在一起。专门性的动作速度训练与专项比赛动作要求相一致。在使用反复做某一个规定动作为手段发展动作速度时，应合理地变换练习的速度。练习的持续时间一般不宜过长，动作速度的训练强度较大，运动员的兴奋性要求高，一般不应该超过 20 秒。练习与练习之间的间歇是由练习的强度所决定的，练习强度大，需要的间歇时间就应长些。但也不要忘记，间歇时间过长导致兴奋性下降，不利于用剩余兴奋去指挥后边的练习，如持续时间 5 秒、强度达到 95% 以上的练习，间歇时间以 30~90 秒为宜。

3. 移动速度训练应明确的问题

首先，测定移动素质的手段常用短距离跑；距离不要过长，可用 30~60 米的距离；最好不从起跑计时，而测定其全速跑通过某段距离的能力；在运动员不疲劳、神经兴奋性高的状态下测验；可测定 2~3 次，取最佳成绩。其次，最大步频和快速跑中的支撑时间对运动员的快速移动能力有着重要影响，优秀运动员单脚撑地时间为 0.08~0.13 秒，普通人为 0.14~0.15 秒。再次，提高移动速度有两个基本途径：一是力量训练，使运动员力量增长，进而提高速度；另一个是反复进行专项练习。无论通过哪个途径提高移动速度，训练中都必须重视确定适宜的训练负荷。最后，在训练实践中运动员力量得到提高，并不意味着移动速度马上可以提高，也有时当力量训练负荷减小以后，才有提高，这种现象叫"延迟性转化"。

三、提高各项速度素质的常用手段

（一）反应速度训练常用的手段

信号刺激法，利用突然发出的信号提高其对简单信号的反应能力。运动感觉法需要经过三个阶段。一是让运动员快速地对某一信号做出应答反应，然后教练员把时间结果告知。二是先让运动员估计时间，通过测定进行比较，提高运动员对时间的准确感觉。三是要求运动员按事先所规定的时间去完成练习，这样也可以提高对时间的判断能力，促进反应速度提高。选择性练习。具体做法是，随着各信号复杂程度的变化，让运动员做出与之相反的应答动作。

（二）提高动作速度常用的方法手段

利用外界助力控制运动员的动作速度，在使用时必须掌握好助力的时机及用力的大小，同时还应让运动员很好地感觉助力的时间及大小，以便使他们能独立及早达到动作速度的要求。减少外界自然条件的阻力，如顺风跑等。利用动作加速或利用器械重量变化而获得的后效作用发展动作速度。借助信号刺激提高动作速度。缩小完成练习的空间和时间界限，如球类利用小场地练习。

（三）提高移动速度常用的手段

首先，发展最高移动速度每次练习的持续时间不能过长，应以使每次练习均以高能磷酸原代谢为主要供能途径，一般地讲，应保持在20秒以内。多采用85%～95%负荷强度，练习的重复次数不应过多，以免训练强度的下降。确定确定间歇时间的长短，应能使运动员机体得到相对充分的恢复，以保证下一次练习的进行。休息时，可采用放松慢跑，做伸展练习。其次，各种爆发力的练习和高频率的针对性练习，如田径短跑做高抬腿跑、小步跑、后蹬跑、车轮跑等；也可利用特定的场地器材进行加速练习，如斜坡跑和骑固定自行车等。

四、速度训练的基本要求

（1）速度素质训练应结合运动员所从事的专项运动进行，如在短跑项目中应着重提高他们听觉的反应能力，在球类运动中应着重提高视觉反应能力。

（2）速度素质训练应在学生兴奋性高、情绪饱满、运动欲望强的情况下进行，一般应安排在训练课的前半部。

（3）速度提高到一定程度时，常会出现进展停滞、难以提高的现象，称为"速度障碍"。出现速度障碍时，可采用牵引跑、变速跑、下坡跑、带领跑、顺风跑等手段予以克服。

（4）掌握学生的实际身体情况，科学地安排速度训练。由于移动速度具有多素质综合利用的特点，移动素质的发展与力量、耐力等其他身体素质的发展有着密切的关系，因此，对学生进行速度训练的同时，要十分重视全面身体素质的训练。

第二节　耐力素质和柔韧素质训练

一、耐力素质训练

近几年来，国家在推进素质教育的同时，也相当重视学校体育和学生健康，首届全国学校体育工作会议中，提出要把学校体育与开展"全国亿万学生阳光体育运动"作为全面推进素质教育的重要突破口和主要工作方面；在《中共中央国务院关于加强青少年体育增强青少年体质的意见》文件中明确提出要"全面组织实施初中毕业升学体育考试，并逐步加大体育成绩在学生综合素质评价和中考成绩中的分量"。习近平总书记在今年召开的全国卫生与健康大会上也提出"要把人民健康放在优先发展的战略地位"。

但近年来，我们国民耐力素质却呈下降趋势且越演越烈，学生长距离跑能力下降、马拉松广州赛就有出现参赛队员在比赛中猝死的情况等，都说明了这个问题。因此，学校体育作为培养人们养成终身体育习惯的重要途径，贯穿学生学校学习的全过程，我们有必要通过学校体育课堂对学生进行耐力素质训练，增强学生心肺功能，以此来提高学生身体素质。

（一）将耐力素质训练融入体育课中的必要性

1. 耐力素质训练可更有效促进学生身体素质的发展

耐力素质，是指人体在尽可能长的时间内进行肌肉活动的能力，耐力也可看作是对抗疲劳的能力。长期的耐力练习，可以使大脑皮层长时间保持兴奋与抑制有节律的转换，使大脑皮层神经过程的均衡性得到改善，神经细胞的工作能力和支配肌肉活动的各运动中枢之间的协调也能得到改善。特别对提高心血管系统和呼吸系统的机能具有良好的效果。

从小学到初中，再到高中人体都是在不断快速地生长发育中，而不同年龄阶段身体骨骼和肌肉坚实度都有所不同，所以我们要根据学生在不同年龄阶段、不同发展层次的身体特点，有针对性地去培养和加强学生的身体素质，注意控制学生在体育锻炼中的量和强度问题。对于中、小学生而言，我们强调的是有氧的耐力性练习要居多，这样更有利于学生的身体素质的发展，减少给学生身体带来的伤害。在耐力素质不断提升的同时，也为学生自己所喜欢的一些项目的学习和提高提供有力的体能作为保障，否则一切都是无稽之谈。

2. 耐力素质是保证持续完成任何运动的前提保障

身体素质中包括五个方面：力量、速度、耐力、灵敏、柔韧。在五项基本素质中，耐力都是重要保障。如百米跑后程就要有充足的体能做保障，进行肌肉力量练习做的组数多或做的练习类型多同样也需要耐力做保障。耐力是保证持续完成任何运动的前提保障，有很多爱好者无论是从事球类运动还是其他运动，除了技术，到最后拼的都是耐力，只有身体持续不断地提供充足的体能储备才能更好地发挥自己的能力，才能以更好的精神状态投入到一天的学习和生活当中。

成为国家栋梁的人才基本都是从学校这个大门走出来的，我们在学校体育课的教学中强调耐力素质的重要性，无疑是为社会培养的各个阶层的人才在校期间储备耐力素质的能力，一步一步地从小学、初中、高中，然后到大学，几乎长达20年学校生涯里练就他们健康的体魄、充沛的体能、旺盛的精力，以饱满的精神状态和健康的身体状况投入社会主义各个行业的工作岗位上去，并养成终身体育的习惯，时时刻刻都有一个好的身体基础，良好的锻炼习惯，像一部崭新的机器一样良好地运转起来。由此看来，在学校体育课中，将耐力素质融入其中就显得更加紧迫了。

（二）推动体育课中耐力素质训练的方法

1. 考虑学生运动需要，激发学生的运动兴趣

在体育课程中，采用哪些方法、开展哪些内容去开展和推行耐力素质训练，教师首先要考虑的就是学生的运动需要，以此激发学生的运动兴趣。

什么是运动需要？就是学生对体育运动的自身价值所产生的趋势，或想掌握某项体育运动技能的一种需要。如何判断学生的运动需要？我们可以从健身锻炼的方向出发，结合体育心理学方面的知识，以及学生的兴趣爱好，考虑他们的情感需要，找出学生的运动动机和运动兴趣所在。通常我们运动是需要得到满足的，一旦满足就会产生运动的愉悦感，从而激发其运动兴趣。所以说，学生的运动需要是其运动兴趣得以激发与培养的源泉。

除运动需要外，融洽的师生关系、现有运动技能水平、运动内容的新奇性与适应性、成功体验的获得，都是影响运动兴趣的主要因素。其中，融洽的师生关系可以保证教师引导学生向健康积极的方向上发展。

2. 丰富健身田径运动形式，通过游戏性比赛调动学生运动积极性

最近几年不断提出了很多好的健身锻炼的方式，如健身田径运动、少儿田径运动、自然环境中的田径运动、趣味性的田径运动等，都是从不同角度和方面去让运动更有价值、意义和趣味。

本节中提到的健身田径运动，也都是结合了田径中最基本的走、跑、跳、投掷等各种技能，既是人类本能的运动基础，也是表现基础运动能力的专门技能，如散步、快走、定时跑、定距跑、走跑交替、跳绳、跳跃游戏等，对于参加者来讲负荷适宜、效果全面、条件随意、终身受益。因此，我们可以通过开展丰富的健康田径运动形式，通过游戏性比赛调动学生的锻炼积极性及对所学的知识、技术的综合运用能力。

3. 进行适宜耐久跑，逐步提高学生耐力素质水平

适宜距离、强度、速度的耐久跑会给学生身心带来愉悦和欢快。所以耐久跑应以中等强度、保持适宜的时间、确定适宜的距离为前提，提倡个人根据自己的实际情况，确定练习方式和负荷，以个人自我进步度的评价作为控制练习的依据，避免出现因"比赛"和"达标"等约束条件的影响，被动地超出个人力所能及的练习负荷，容易造成运动伤害。

在耐久跑中使学生懂得耐久跑的价值与作用，了解跑的正确方式和节奏，能在跑前、跑后进行自我脉搏测量，懂得健身跑的心率应控制在 120～150 次/分钟为宜。体育教师采纳并且执行也可以根据自己学校的实际情况，做到灵活变动和因地制宜，定会收到不断改善提高的效果。

关于跑的正确方式和节奏，教师应给予学生指导。一是要形成正确的跑姿和跑的方法，养成健身跑的习惯。教师可以通过图片、媒体展示或师生简述与示范，使学生了解并掌握耐久跑正确的动作方式，能够做到动作轻松、步伐均匀、重心平稳。二是要学会呼吸方法

和掌握呼吸节奏，这是练习耐久跑的基础要求。13岁左右的中学生在运动时主要靠提高呼吸频率来增大肺通气量，而呼吸深度增加不多。这与他们胸围较小、呼吸肌力量弱、肺活量小及呼吸调节机能不够完善有关。为此，要在慢跑中有意识教会他们正确的、有节奏的呼吸方法，注意加深呼吸的深度是很有必要的。

只要能做到以上几点，并且教师认真负责有针对性地安排指导学生练习，会慢慢地提高不同阶段学生耐力素质的水平，随着年级的不断提高，耐力素质水平会呈明显的上升趋势，这也为解决学生中后期体能储备不足找到了更好的解决的办法。

二、柔韧素质训练

科学技术快速发展的今天，人类社会无论是在社会科学上，还是在人文科学上都得到了前所未有的突飞猛进，这一系列的发展也使我们的生活发生了改变，水平得到了提高。科学技术的大进步，使整个社会大发展，当然这也大大提高了体育在世界上各个国家的地位，体育的比赛变成了国家与国家的比赛，体育实力更象征了国家的实力。正因为如此，也使得世界各国更为重视体育运动中的核心地位。

众所周知，柔韧素质是提高训练水平的重要因素之一，柔韧素质的提高不但有利于技术动作很好地完成，而且有利于提高动作质量与动作幅度，其表现为协调性的不断提高、节奏感强、运动能力的明显增长等。运动员如果不在柔韧性上做大强度、高效率的训练，那么他们在运动技术运动成绩方面将很难得到更大的提高。因此，必须充分重视柔韧素质，并且科学地进行训练。

（一）柔韧素质的理解

体能是以人体三大供能系统为能量代谢活动的基础，通过骨骼肌的做功所表现出来的运动能力。体能也是运动员的基本运动能力，是运动员竞技能力的重要构成因素。运动员身体素质的发展受多种因素的影响。

1. 柔韧素质的概念

柔韧性素质是指各关节活动范围的大小及肌肉、肌腱、韧带等组织的伸展能力。在《牵伸训练》一书中"柔韧性"是指"正常"范围内的运动能力。

2. 柔韧素质的分类

①与静力柔韧相关的关节在不强调速度的条件下进行拉伸时的运动幅度（ROM）有关；因此静力性柔韧是静力性牵伸的结果。②弹性柔韧性，通常跟摆动、弹起、弹回和节律性运动有关。③动力性或功能性柔韧性是指在以正常速度或快速进行身体活动时运用一系列关节的运动能力。④活动性柔韧性是指在没有外力辅助的条件下，由肌肉主动运动时的活动范围。

（二）目前国内对"柔韧素质"研究的文献分析

笔者通过查阅《中国期刊全文数据库》《贵州师范大学图书馆》《贵州数字图书馆》以及大量与柔韧素质相关的文献，发现当前涉及"柔韧素质"的相关文献多数涉及的体育运动中柔韧素质的重要作用及地位和体育运动训练中柔韧性的训练方法和手段等领域，关于体育运动中柔韧素质的具体可实施性的对策和建议的文献相对较少。从笔者掌握的文献来看，当前对体育运动中柔韧素质的探讨和研究基本集中在以下几个领域：

1. 柔韧素质在体育运动中的重要作用及地位

赵余骏、许寿生、李燕在《PNF训练对少儿艺术体操练习者柔韧素质的影响》中提到，通过对实验组和对照组两组实验结果数据的对比分析和对每名练习者自身的两次数据进行对比分析，得出少儿艺术体操训练者通过系统的训练，PNF训练和传统柔韧素质训练都能使练习者的柔韧素质得到相应的提高。少儿艺术体操练习者柔韧素质训练采用PNF训练法，相比传统柔韧素质训练的负荷强度而言，相对较小的负重负荷，可以使柔韧素质得到显著性提高。拉伸法不仅仅在提高肌肉的柔软性方面有很大的作用，而且也能够很明显地提高肌肉发力的柔韧性，可以作为训练的柔韧训练一种很好的方法。静力性拉伸法可以提升柔软性，但对于肌肉的柔韧性的提升方面效果却并不是很理想。刚开始柔韧训练可以采用PNF拉伸法和静力性拉伸法进行练习；训练到一定阶段后，可以用PNF拉伸法进行训练，以适应各个阶段的训练需求。

蔡广浩、熊凡在《静力拉伸和动力拉伸对提高柔韧素质的研究综述》中表示，在人们的意识中虽然体现出了静力性拉伸优于动力性拉伸的想法，但是对相关方面的研究仍显不足，所以在理论上的支持仍需实验数据的支撑。从搜集的资料来看，大部分研究都集中在练习手段的开发上，专门针对动力和静力练习效果的研究较少。由于人们对于柔韧素质训练普遍认识程度不够，对训练方法的区分和操作不熟悉，很容易在训练和健身过程中造成运动损伤，影响运动成绩和训练热情。

孙红在《论柔韧素质在跳高运动员身体素质中的重要地位》中指出身体素质是人体器官、系统机能在肌肉工作中的反映。它是身体发展、体质增强的主要内容，也是衡量一个人健康水平的重要标志。身体素质是从事各项体育运动的基础，是取得优异运动成绩的根本保证。发展和提高身体素质是体育教学训练中的重要任务，是提高运动员运动水平和运动技术的根本保障。运动能力的掌握和提高，良好的身体素质是关键的支柱。因此，身体素质的发展状况对掌握、巩固和提高技能技术、顺利完成教学和训练任务来说是极其重要的。因此，笔者认为柔韧素质在其中起到一个主要作用。

以上三者都对柔韧素质的重要作用及地位从多个角度进行了系统而全面的分析和研究，并都较为准确地指出了柔韧素质在体育运动教学和训练中的重要作用和地位，并开展了高深度、多视角的读解。

2. 体育运动中柔韧素质的技术教学及运动训练方法方式

陈志刚、董江在《青少年短跑运动员的柔韧素质训练探析》中指出青少年田径短跑运动员普遍柔韧素质比较差，导致了他们在协调性上也较差，在技术动作上的缺点是动作幅度小而生硬，这种情况使他们在运动技术上的提升和训练成绩的增长上也受到了很大的影响。青少年在这个阶段正是生长发育旺盛的时候，年龄的增加会带动身体状态、机能等方面发生很大的变化，因此在青少年时期如果我们能够对运动员制订一系列有计划、有目的性的柔韧素质训练，这将会使他们很快地掌握短跑技术、技能，并且不断提升运动的水平。柔韧素质练习的基本方法与手段有以下几个方面：①静力拉伸练习法。将平缓的动作保持在静止不动的状态，从而使肌肉、韧带等软组织拉长到一定程度，在这个拉伸过程中，肌肉、韧带能够获得较长时间的刺激，这是这个方法的一个重要的特征。②动力拉伸练习法。自主拉力运动法是一种屡次重复相同动作的有规律的、相对较快的运动方法。在短跑训练中这种练习方法有个主要特征，就是肌肉强度改变的最大值在自主拉力的时候大概比静力拉伸大两倍。③柔韧性练习常用的方法。柔韧性素质练习一般通过以下常用方法：第一，正弓步压腿，这是为了提高腿部后侧肌肉的柔韧性；第二，侧弓步压腿，是为了提高腿部内侧肌肉的柔韧性；第三，后压腿，练习的目的是为了增加腿部前侧肌肉的柔韧性。在我们的研究中发现，一些运动员往往会忽略其他素质的训练，为了提升成绩只是在速度和力量上进行针对练习，这种情况也会造成他们的成绩提升受到负面影响，而事实是柔韧素质的好坏程度决定了其他素质的发展，各素质的发挥和利用也受它影响，它是联系各素质间的一种良好的媒介。

郭书华在《柔韧素质锻炼方法》中指出柔韧素质是很多的体育运动项目必须具备的重要体能之一。针对小学生的柔韧素质的提升，采取了一系列方法策略，并且收到了很好的反馈。其训练方法如下：①吻靴。目的：低弓步压腿，重点训练膝关节的柔韧性。动作方法：训练者一条腿屈膝成半蹲状态，另一腿向前伸直成弓步，脚跟着地，勾脚尖；身体前屈两手抓住前伸的脚尖；两臂屈肘用力向后拉，上体屈髋前俯，头以及下颏尽力去碰触脚尖。控住几秒后上身缓缓抬起，间歇一会儿后做换腿重复练习。②双人拉锯练习。目的：用于提高学生腰背部、腿部后侧和膝关节韧带。动作练习方法：两人一组对面坐地上，脚脚相对，腿伸直，上体前屈，手相扣前后拉动。③扶腿压前屈。目的：提高腰部、腿部柔韧性。动作方法：一人仰卧，两腿并拢，两腿做体前屈，一人扶其腿下压。④脚迈过"圈"。目的：提升身体柔韧性，增进腰腹肌肉力量。动作方法：训练者站立两手相握放体前。身体前屈，左右脚依次从两手臂和躯干成的圈内迈出。当脚都迈出后，两手不松，身体保持正直，两手由臀后侧朝上提起，双手相扣放于身体后面。⑤"马咬尾"伸展练习。目的：训练腰腹部肌肉的柔韧性。动作方法：训练者膝跪于地手撑地，向左扭转脊柱，尽力从肩部看到左侧臀部，左侧臀部可向前轻微移动。几次后，脊柱换方向扭转。⑥钻膝拉手。目的：提高身体柔韧性，拉长肩背部肌肉和韧带。动作方法：训练者站立，双腿膝部外开，腿部成"O"形，身体前屈，手臂从腿部内侧穿进，穿过膝关节后，再屈双肘，臂小腿前，双手放在脚踝前相扣。⑦跨绳比赛。目的：提升身体柔韧性。动作方法：两手握绳于身体前面，两腿从绳上跳过，再跳回来。

张建、史东林、周博、李光军在《三种拉伸方法对于提高艺术体操运动员韧素的实效对比研究》中的研究结果表示：①PNF拉伸方法能够有效地提高艺术体操运动员肩关节、髋关节柔韧素质水平。与动态拉伸方法和静态拉伸方法相比，PNF拉伸方法除了在柔韧素质水平的提高方面成果显著外，柔韧素质的训练成绩还能表现出持续性、渐进性提高的趋势。②静态拉伸方法对于柔韧素质的改善效果虽然优于动态拉伸方法，但是在提高柔韧幅度与速度方面均落后于PNF拉伸方法。③动态拉伸方法对于柔韧素质能够起到有限的提高，但是保持成绩的能力最差。他们的研究论证指出：①证实拉伸训练对改善艺术体操运动员的柔韧素质水平有重要意义。②结合前人对柔韧素质的研究果，丰富动态拉伸、静态拉伸与PNF拉伸三种不同拉伸方法之间作的对比研究。③丰富艺术体操运动员专项柔韧素质训练手段，证实拉伸训练对改善艺术体操运动员肩、髋关节柔韧素质水平的实效研究，为艺术体操运动员专项柔韧素质训练提供理论参考依据。

以上三者都对柔韧素质的技术教学及运动训练方法方式做了研究、分析与探讨，并都提出多种在体育教学与训练中行之有效的练习柔韧素质的方法。

综上所述，从目前的研究成果来看，当前研究体能中柔韧素质的文献大多集中在对柔韧素质的作用、重要性以及地位方面和锻炼方法等领域，大致分为体育运动中柔韧素质的重要作用及地位和竞技体育运动中柔韧素质的技术教学及运动训练方法方式的分析两个方向，但少有关于柔韧素质在学校体育教学中发展的对策和建议的文献。学校体育教学中柔韧素质的发展具体可实施性的对策和建议是非常有必要的，不仅可以对青少年学生的体质发展起到实质性的作用，使学校体育课更加便于开展以及开展得更好，而且可以促进学生体育能力的增长，更加便于去学习其他能力。本节试图通过对柔韧素质造当前学校教学中运用的练习方法的现状进行调查与分析，以期待找到更多的具体的更好地在体育教学中发展柔韧素质的可实施性建议。

第三节 灵敏素质和协调能力训练

一、灵敏素质训练

原则是人们依据客观事物运动的内在规律而制定，在实践中必须遵循的法则或标准。运动训练原则是依据运动训练的客观规律确定的组织运动训练所必须要遵循的基本准则。灵敏素质的训练也有其自身规律，只有遵循这些规律才能系统、有效地发展运动员的灵敏性。根据运动训练的原则结合灵敏素质的特征，笔者依据多年训练实践总结出，灵敏性的训练应遵循三大基本原则。

（一）健康安全与竞技需要原则

1. 健康安全原则

"以人为本"是现代社会的根本要求，社会的发展是为了人的发展，人类社会创造的一切都应是为了人类全面、自由的发展。体育运动当然也不例外。然而，现代社会的高度发展却使人的发展走向歧途，而体育的发展似乎也没能找到自己的真谛，甚至成为摧残人的事情；竞技体育中不断出现的丑闻，无不体现出现代体育比赛中体育道德的沦丧和体育真谛的缺失。人类本身在利益至上的社会或比赛中不但没有受到重视，而成为社会和比赛的附属品。这背离了社会发展的根本目的，势必会对人类发展造成不良后果。

健康安全是一个人生存的基本权利，是人从事体育活动或其他活动的基础。田麦久教授指出，健康是运动员的基本权利，是运动员保持系统训练的重要基础。运动训练以取得运动成绩和提高竞技能力为主要目的，而现代运动训练理论中恰恰缺失了对运动员健康部分的内容。实践中，教练员提倡"三从一大"的训练模式，从思想上提倡、鼓励"轻伤不下火线"，导就致运动员的小伤小病更加严重，甚至断送其运动寿命。主流媒体也在舆论上鼓励运动员带伤训练或比赛，甚至把这些行为作为一种精神大肆宣扬，让人们觉得只有带伤训练、比赛才是顽强拼搏的表现。这一点国内与国外的差异十分明显。从执教理念上，国外强调运动员的主体地位，对于运动员的伤病，队医会给予充分的评估和建议，而教练员对队医的建议必须予以充分的考虑。有些项目比赛规则规定，运动员不得带伤参加比赛，如美国男子篮球职业联赛规定运动员身上流血时必须进行止血，否则不能继续参加比赛。而国内强调教练员的主导性，队医的作用仅仅是对运动员的伤病进行简单康复或辅助训练工作，对于运动员能否上场的决定权很小。在训练实践中，国外运动员的自我保护能力较强，训练或比赛中如有伤病，运动员会根据医生的建议配合队医进行治疗,并及时和教练员沟通以便调整训练计划,确保伤病尽快治愈,更快地投入训练和比赛中。国内提倡运动员带伤训练,导致运动员轻伤变重或变成慢性伤病,最终影响其运动训练。

安全保障是确保运动员免受伤害的关键。在运动训练或比赛过程中,尽量保证运动员的安全,避免伤害事故的发生。灵敏素质练习对运动员的身体有较高的要求,所以,灵敏性练习一般安排在训练课的前半部分。灵敏性练习前,教练员需调动运动员的积极性、激发运动员的训练动机,在其体力充沛、注意力集中、精神饱满的状态下进行练习,以此获得最佳训练效果。另外,应变换练习手段,根据不同阶段或练习重点安排不同的灵敏素质练习手段。例如,沙滩排球运动员在徒手练习时需注意变换动作和改变方向,再结合球进行训练,这样既可以提高其判断能力,也可以根据需要对预判、变向和变换动作的能力进行练习。准备期可以重点发展一般灵敏素质或对三类灵敏素质分别进行训练,逐步提高。比赛期则以专项灵敏素质训练为主。

灵敏性训练也应从运动员的健康状况出发。因为灵敏素质训练是高强度的练习,危险系数较高,与一般的康复性训练有很大不同,运动员在身体状况不好或有伤病的情况下不应参与灵敏性训练。运动员进行灵敏素质练习或测试时,需确保其处在安全的训练环境中。首先,保证训练或测试地面与比赛地面要求一致,包括合适的服装和鞋子。若在硬地上测试要保证地面防滑,运动员应穿着相应的训练服装和防滑的鞋子。其次,有充分的练习空间,确保运动员安全地完成练习或测试。最后,进行灵敏性练习或测试时,运动员应保持注意力集中和良好的状态,防止疲劳的发生。

2. 竞技需要原则

竞技需要原则是由项目特征所决定,教练员应时刻考虑灵敏性训练要满足项目需要,不同项目对灵敏素质的要求不同。简单地将灵敏素质分为一般灵敏性和专项灵敏性不是目的,对专项灵敏性进行深入分析,进而得出专项灵敏素质的练习方法才是关键,使其从能量消耗特征、项目的技术特征和力学特征等方面贴近项目。1988年,苏联训练学专家指出,机体对刺激的适应具有较强的专一性,长期缺乏针对性的训练,无法使机体适应专项的要求,结果必然导致运动成绩的下降。根据竞技需要选择灵敏素质练习方法的依据有供能特点、动作形式和移动的速度等,以便使训练效应更好地转移到专项竞技能力中。如果一个项目需要大量的侧向移动,那么练习中应体现出这一需求。例如,沙滩排球训练应根据项目的预判特点、变向特点和动作特点分别进行,达到自动化的程度,这样才能确保灵敏性训练贴近比赛。

(二)适宜负荷与区别对待原则

1. 适宜负荷原则

训练效应的生理基础是人体对刺激的适应,而负荷就是这种刺激。也就是说,任何训练效应的获得必须通过对运动员施加负荷才能实现。必须明确的是,人体的适应能力并不是无限的，在训练过程中当人体的适应能力正向发展时，常伴随运动成绩的提高；而当人体难以适应持续的负荷时，常伴随运动成绩的下降。所以，对负荷的控制已成为运动训练学研究的大焦点，灵敏素质的训练同样存在运动负荷的问题。

灵敏素质是以磷酸原系统供能为主的素质，练习时强度较大，易产生疲劳，所以，每个练习后应有足够的休息时间，以保证机体磷酸原的基本恢复。运动生理学研究表明，每千克肌肉中含 15～25 mg 分子 ATP—CP，该系统的供能时间一般不超过 8 s，而 ATP—CP 恢复一半的时间大约是 30 s，完全恢复所用的时间是 3～4 min。所以，在进行灵敏素质训练时，一般练习时间不应超过 10 s，以充分发展灵敏素质供能系统的能力。两种练习之间的休息应超过 30 s，一般为 30～50 s；组间间歇应稍长一些，一般为 3～4 min，以保证 ATP—CP 含量的恢复。为了使运动员较长时间保持更良好的灵敏性，应适当提高运动员的糖酵解供能能力和有氧代谢能力。研究表明，运动员尽力保持速度进行灵敏素质的练习仅能维持 7 s，一般而言，敏捷性、加速度和快速脚步的练习时间应保持在 3～5 s，灵敏性的纯练习总时间一般不超过 4 min。

运动负荷主要强调运动量、运动强度及间歇时间。进行灵敏素质训练时，对强度的控制，教练员可以通过运动员完成练习所用时间(一般情况下如果练习的速度降低 10% 以上，应停止灵敏性练习，说明疲劳开始发生，并且功率下降)和监控运动员心率来间接评价。有经验的教练员还可以通过观察获得重要信息，如当运动员动作技能下降，特别是制动时动作不稳、制动能力下降时，应考虑延长间歇时间或停止灵敏性训练。

2. 区别对待原则

区别对待原则是指在运动训练过程中，根据运动员的特点、训练水平，因人而异地制订训练计划和安排训练负荷。进行灵敏素质训练时也应考虑区别对待的原则，因人、因时、因项、因地制宜地进行练习，才能获得良好的训练效果。

灵敏素质训练中区别对待原则的执行需做到如下几点：首先，根据运动员的特点进行灵敏性练习，不同训练水平的运动员，也应采用不同的练习方法和负荷。如有些运动员灵敏性表现不好，可能是由于预判不足，抑或是移动变向能力或变换动作的能力不足，练习时应根据运动员的不同情况分别进行训练。其次，不同项目运动员灵敏素质的要求不同，这已在竞技需要原则中进行了阐述，在此不再赘述。再次，处在不同训练阶段的运动员应安排不同的灵敏素质训练内容。开始阶段应注重基本脚步或身体控制能力的练习，如冲刺跑、后退跑、侧滑步和起动、制动、变向等基本移动能力和控制能力，为后继的灵敏性训练打下扎实基础。如果运动员能很好地控制平衡和身体重心，并能快速移动，将会增大其获得成功的概率。随后可进行一些与专项相关的灵敏素质的移动步法练习，若是一些需要器械的项目，还可结合器械进行移动变向和变换动作的练习。当达到一定程度后，可以结合专项运动场景进行必要的预判和快速反应练习，并使之达到自动化的程度。

（三）全面发展与敏感期优先原则

1. 全面发展原则

全面发展是指在灵敏素质训练过程中，应全面提高运动员的观察判断能力、变换动作和改变方向的能力及身体控制能力。观察判断能力、变换动作和改变方向能力是灵敏素质不可分割的3种属性，将灵敏素质进行分类，并单独对某一属性进行研究，是为了更深入地探讨该属性的特点，因为不同能力也具有不同的表现形式。但决不能因此而忽视了灵敏素质的完整性，只有将这3种能力统一起来进行多维度的考察，才能更加准确、完整地把握灵敏素质的真谛。在运动情景中任何一方面的能力存在不足，都会影响运动员灵敏性的整体表现。

观察判断能力的培养。结合运动实践提高运动员的观察能力，通过更加广阔的视觉追踪策略，获取更多的有效信息，巩固视觉搜寻的结构模式，加强对细微动作的辨别能力，形成运动记忆加以存储，以提高判断的准确性和速度。研究表明，视觉注意力可以不经过眼动而得到加强，并且控制视觉搜索的任务和结构似乎可以储存在记忆里，"双眼紧盯着球"的模式似乎不是处于最佳竞技状态的运动员喜欢的模式。大量研究表明，观察判断能力的训练可以有效地提高运动员的意识和决策能力。

变换动作能力的培养。全面发展运动员的技术动作（专项技术和非专项技术）。实践表明，学习掌握的技术动作越多、越熟练，建立的暂时性神经联系就越多，不仅表现出学习新动作技术快，更表现出技术运用灵活且富有创造性的特点。

改变方向能力的培养。全面学习多种移动步法，起动、制动、变向身体姿势与重心的控制，起初可以学习一些简单的闭链式移动动作，然后增加一些简单的刺激，并逐渐增加难度，包括刺激的难度和动作、方向的难度，有效提高运动员的变向能力。

灵敏素质由上述3部分构成，但并不是上述内容的简单相加。如果发现一种练习方法运动员练习起来较困难，应重点练习而不是将其调整为已熟练的练习动作。

2. 敏感期优先原则

身体素质的发展过程不仅是一个持续稳定的变化过程，而且存在着增长速度特别快的过程或阶段，人们习惯将这一过程或阶段称为身体素质发展的敏感期。判定标准为年增长平均值加一个标准差作为临界值，增长速度大于或等于临界值的年份为该素质的敏感期。一般素质敏感期都有2个：迅速发展期和较快发展期。抓住敏感期进行针对性的训练能提高训练的有效性，达到事半功倍的效果。

研究指出，灵敏性发展的敏感期在7～12岁。苏联相关研究指出，7～10岁灵巧性高度发展，7～12岁反应速度提高幅度最大，6～12岁是培养节奏感的好时机，7～11岁是发展空间定向能力的最佳时机，动作速度4～17岁发展最快，女子9～12岁、男子9～14岁是发展平衡能力的最佳时期。这些都与灵敏性有关，这些能力的提高会对灵敏性的提高带来很大帮助。

运动训练过程中强调灵敏素质敏感期训练，但绝不是强调灵敏性的训练只有在灵敏性发展敏感期才进行。国内不少教练员认为，灵敏性应在青少年阶段进行训练，成年后就没有时间练习这些内容。相反，灵敏性在成年阶段应该受到重视。国外研究指出，对灵敏性的训练应该贯穿运动员训练的整个过程，因为神经适应过程可以通过长时间的不断重复得到发展。另外，与灵敏有关的很多素质，如速度、力量、功率、柔韧、平衡等均可以通过科学系统的训练得到相应的提高。

灵敏素质的训练要符合运动训练的基本规律，但灵敏素质自身的特点决定了其训练规律具有特殊性。根据灵敏素质的特点和运动训练的规律将灵敏素质的训练原则归结为：健康安全与竞技需要原则；适宜负荷与区别对待的原则；全面发展与敏感期优先原则。

二、协调能力训练

在人体综合性的运动素质中，其中最重要的一项就是人体的协调能力，人体协调能力的强弱决定着一个人运动素质的高低，通过培养人体的协调素质来提高身体的协调性，可以提高人体体能、人体技能及人的心理能力，以便达到更好的训练目的和效果。目前，可以通过对人体运动各个方面的分析来提高人体的协调性，通过分析制订提升运动人员身体协调性合理、科学的训练方案。

（一）分析人体运动协调能力的特征

运动协调能力是指运动员的机体各部分活动在时间和空间里相互配合，合理有效地完成动作的能力。《运动训练学》中提出"运动素质是人体体能的重要组成部分，是机体在活动时所表现出来的各种基本运动能力，包括力量、耐力、速度、柔韧和灵敏等。它们之间都有各自相对独立的作用，又有着密切联系，彼此制约、相互影响，其中每一个因素的水平，都会影响着体能整体的水平"这一观点。肌肉的活动要通过运动来实现，运动中的战术、技术及运动素质等都要通过肌肉活动来表现，所以力量素质是运动的基础保障。

在每日的基本训练中，运动者在剧烈的肌肉训练时，通过神经活动也可以调节和控制肌肉活动。我们从外观来看，力量训练是通过肌肉的活动来实现的，但从实际角度出发，在生理学方面来看，身体协调性是人的神经系统在起作用，神经系统接受感受器时由于外部环境或者自身体内的刺激通过身体内的神经系统传播到大脑皮质区域，从而调节肌肉的张弛与伸缩活动。运动协调能力本身是一种重要的智力，在运动中对神经系统的刺激，对大脑的发育是有着重要意义的，通过练习掌握运动技能，细化肌肉协调的能力，它反映的是一种精细的感觉，同时反映出的也是一种对外部刺激的分析和综合能力。

（二）分析人体运动协调能力的主要制约因素

1. 遗传因素

运动能力的各种组成性状是由遗传因素和环境因素共同决定的。一般来说，不明原因性协调能力差，绝大部分都是由遗传因素所导致的，遗传因素决定了运动者运动能力起点的高低，遗传因素与人体协调能力有着紧密的联系。人的身体在运动过程中，身体能够完成非常复杂的运动技术动作，这与人的神经系统中的功能水平存在着较为密切的联系，所以说人体协调能力与神经系统中的功能水平关系极大，人体的神经系统功能是先天形成的，它很难被外界或者自身体内的因素所影响，所以说神经系统的功能是不易受到后天的改变，先天的遗传原因制约着人体协调能力的发展水平。

2. 大脑皮质下中枢神经系统

所谓"闻道有先后"，运动技能有些人做起来相对简单，有些人则相对难，就像很多人的身体运动协调能力都是先天发育决定的，但是仍然有不少的人经过后天不懈努力的运动训练，提升了自己的身体协调能力。在人体的运动机体内，要想完成较为复杂的运动技术动作，仅仅依靠大脑的皮质或者神经系统的调节是不完整也是不准确的，还要取决于皮质运动区域内的抑制与兴奋过程灵活的转换支配身体机能来完成，只有这样才能完成高难度而又复杂的运动技术动作。如果人体的传导机能和反射机能出现障碍，人体的协调能力就会受到制约。

3. 感官系统机能

感官是指能够感受外界事物刺激的器官，它包括眼、耳、鼻、舌、身等。人身体的各部分都存在有感受器，它们在受到外部环境或者自己身体内的刺激时会通过身体内的神经系统传播到大脑皮质区域，经过大脑皮质区域的综合分析，找到解决方案从而调节身体的机能。人在运动时，感受器也开始了它的工作，时刻准备着接收身体发出的信号，它们之间有很复杂而又微妙的关系，感受器作为神经系统调节的各个效应器官，为使身体能够更好地运动提供了桥梁，身体能够更有效、正确地完成运动技术动作。感官系统具有很好的灵活性，它们能够为人体的肌肉和肝脏器官提供最为重要的支撑。

4. 运动技能的储存数量

一个人如果有丰富的运动技能储备，并且拥有高水平的运动技能，就能够轻松地建立起新的条件反射，也能够更快地接受并且掌握更高难度而又复杂的运动技术动作，与此同时，其身体协调能力也能够很好地得到提升。大脑皮质支配着人体的肌肉活动，也可以这样说，大脑皮质支配着人体的各项运动。人们对身体素质的理解就是人体肌肉活动的能力，一个人的速度、耐力、力量、灵敏与柔韧性都比较好就说这个人身体素质好，也可以说运动素质好。随着运动素质的发展，人体机能的能力也在不断地增强和扩大。随着运动技术水平的提高，也说明我国人民的运动机能有很大的提升和创新，并且技术掌握的熟练程度也大步提升。人体的运动技能之所以能够改进、发展和提高，这都归功于大脑皮质活动的反应，这基于大脑神经在运动条件反射时做出的建立、巩固和分化。

人体运动技能的形成归功于条件反射的建立。运动技能的储存数量越多，越能顺利地建立起新的条件反射，掌握新的运动技术动作，从而表现出较为良好的运动协调能力，反之，运动技能储蓄数量不足，人体就会表现出较差的运动协调能力。

5.其他运动素质的发展水平

人体协调能力还受其他运动素质发展水平的影响，其他运动素质包括柔韧性、灵敏性、力量、耐力、速度、身体平衡力、技术动作纯熟度等。例如柔韧性，它是指人体关节活动范围的大小以及跨过关节的韧带、肌腱、肌肉及其他组织的弹性和伸展性，发展柔韧性素质，身体柔韧性不好的运动人员，关节活动范围较小，跨过关节的相关组织的弹性和伸展性较差，他的柔韧性就制约着身体协调性的发挥。灵敏性，它是指在人体突然运动的条件下，准确、敏捷而又快速地完成技术动作的能力是一种运动技能综合性表现的运动素质。灵敏性较差的人，运动反应也较慢，身体协调性较差，但是通过转身突然跑、倒退跳远、躲闪跑、快速启动、急停练习等灵敏素质的练习能够有效地提高人体的协调能力。平衡能力分为两种，一种是静态平衡，如座位、站立位等在一定范围时间内对身体姿势平衡的维持；另一种是动态平衡，如走、跑、跳等运动中的身体维持，平衡能力不足会导致运动发展迟缓，从而影响人体的运动协调能力。

（三）人体运动协调性训练法

不习惯运动技术动作的各种身体练习，反向完成动作，如右手换左手实践；改变已习惯技术动作的速度和节奏，如做多组小跑、慢走、变换跑的练习等；还可以通过玩游戏的方式完成复杂的运动技术动作，如穿插一些技术动作的慢动作练习。创造性改变完成动作方式练习，可以采用不习惯组合的动作，使用已经掌握的技术动作做一些更加复杂化的组合训练。改变技术动作的空间范围，适时用信号或有条件刺激使得运动人员做改变动作各种方式的练习。循环训练法，根据训练的具体任务，建立多组练习站、练习点的训练，运动人员应当按照规定的顺序、路线，依次循环完成每站所规定的练习内容和要求的具体训练方法。

一个人的协调能力越基层，协调性训练法的使用频率越高，但是，如果是一米八以上的人，技术动作仍不协调，协调性训练频率也要高。在准备时期，每周的训练频率为2~3次较为合理，动作项目至少十项，每项动作的练习次数至少三次以上才能达到锻炼身体协调能力的效果，在做训练前必须要深刻了解自己的身体情况是在哪些方面不协调的，要针对自己身体不协调的方面，适时了解和掌握训练方法并学习相关理论知识，进行科学合理的锻炼。杜绝盲目的训练，否则，不但没有锻炼效果反而还会伤害到自己的身体，因为每种训练方法所适合的协调感是不同的。在进行协调能力训练的同时也需要发展其他运动素质，从而更有效地改善身体的协调能力。

关于一个人运动协调能力的强弱，与人体的竞技能力有着密不可分的关系，协调并不是单一的力量、速度、柔韧性等运动素质的表现，而是这几种因素的综合表现，并且，一个人拥有高度发达的感觉器官和神经系统，能够协调复杂的机能活动和适应多变运动环境。研究表明，制约人们身体协调能力的因素主要有以下几种：一是遗传的原因；二是大脑皮质下中枢神经系统的支配机能；三是人体感官系统机能的灵敏性；四是运动技能的储存数量；五是其他运动素质的发展水平等。

体育运动的目的是通过运动来进行人体运动素质的训练，身体协调是体育运动的灵魂，只有身体协调了，人体的肌肉才能依赖大脑神经系统的支配发挥其作用。一个人运动协调能力的提升和发展能够大大提升身体的锻炼效果，能够纠正错误的运动技术动作，还能够提升各个技术动作之间的协调性，并且在提升心理素质方面也有非常可观的效果，还能够附带着表现力、注意力、观察力以及自信心等个人能力的提高，从而在运动比赛过程中发挥更好的作用和效果。

第七章　大学生体育训练教学实践应用研究

第一节　足球运动在高校体育教学与训练中的作用

足球运动的历史十分悠久，在世界范围内，堪称参与人数最多、普及地域最广的竞技运动类型，拥有"世界第一运动"的美誉。与其他各种运动类型相比，足球运动的特点非常鲜明，集娱乐性、健身性、竞技性、群体性、社会性、便捷性于一身。一方面，这些优势共同缔造了足球运动在全球的影响力，另一方面，这诸多优势也使足球运动在促进人的身心健康发展方面具有显著的积极作用。在我国，足球运动起步时间较晚，虽然在广大高校校园内都建设有足球场地，但场地质量不高，参与运动的学生人数不多，制约了我国高校体育教学水平和质量的提高。因此，有必要研究足球运动在高校体育教育与训练中的意义和作用，提高广大高校体育教育工作者对足球运动的认识，促进足球运动在国内的推广普及。

一、足球运动在高校体育教学与训练中的作用

（一）提高大学生的心理素质和身体素质

强健大学生体魄，提高大学生心理素质是高校体育教学与训练的基本教育功能，也是各类体育运动教学的基本导向。足球运动作为一项运动强度大、竞技性和技术性强的运动，在锻炼提升大学生的身体素质和心理素质方面都具有良好的作用。第一，足球运动场地开阔，标准的足球运动场地长 90~120m，宽在 45~90m，踢足球的人要在大面积的场地之中长时间奔跑、对抗，对体力的要求很高，经常进行足球运动和训练，自然能够高强度地锻炼学生身体。第二，足球运动对运动技术的要求很高。众所周知，人的上肢灵活性要远远超过下肢，因此很多技术性运动都是以人的上半身，尤其是以双手、手臂为运动核心的，如羽毛球、乒乓球、排球、篮球等，而足球运动的一大特征就是以人的下半身，主要是以双腿、双脚为运动核心，因此足球运动技术的训练对人的身体协调性、柔韧性要求比一般运动更高，更有助于锻炼人的身体。第三，足球运动是一种竞技性很强的运动，在进行比赛的过程中，参与者必须克服身体疲劳的压力，奋力拼搏，还要面对各种比赛中的变

数和不利局面，及时自我调整心态和情绪，能够有效促进运动者心理素质的提升。

（二）培养大学生的科学思维方式和创造力

科学的思维方式是正确认识事物的前提，也是形成科学世界观的重要基础，创造力是人类个体智力和实践能力的集中体现，是推动社会进步的重要元素。在信息时代和知识经济时代到来的今天，科学思维方式和创造力是高素质人才必须具备的能力，大学生是我国高素质人才的储备军，培养其科学思维方式和创造力是现代高等教育的必然要求。足球运动是一项集体性、竞技性的运动，而这两大特点恰恰能够培养大学生的科学思维方式和创造力。第一，足球运动作为一项集体性运动，运动场地广阔、团队配合性强，这就要求参与者必须不断思考、判断整个足球赛场上整体与部分之间、各要素之间必然和偶然、相对和绝对、局部和整体之间的关系，大学生通过足球运动和训练，可以在头脑中形成整体、普遍联系和发展的科学观念。第二，足球运动的技巧性和竞技性都大大增加了高水平足球运动对参与者创造性的要求，在22人进行对抗的赛场上，如何"排兵布阵""调兵遣将"，如何控场、传球、过人、突破，掌握赛场的节奏和主动权，不仅需要高超的运动技巧，还需要对足球运动规律的深刻理解和战略战术的奇思妙想，这就需要大学生充分发挥自己的聪明才智，从而提升其创造性。

（三）培养大学生的道德情操

高尚的道德情操是指人们对自身有了良好的修养后，对某一事物表现出或做出有价值、有意义、有品德的某种认识和行为。作为"新时代"的大学生，培养高尚的道德情操不仅是确保大学生成人成才的重要保障，更是大学生赢得未来人生发展的基石。在高校中接受足球运动教育，对培养大学生的道德情操具有非常重要作用。第一，尊重规则。中国传统社会是非常注重"人情"的社会，公共规则常常让位于人际关系，受此影响，很多大学生也表现出规则意识薄弱，重视搞人际关系的错误价值观。足球运动是一项规则严格的运动，在进行足球比赛的过程中，参与者必须严格遵守运动规则，否则就将受到惩罚，甚至取消其比赛资格，这就会让大学生树立起尊重规则、遵守规则的意识。第二，足球运动是一项集体性运动，需要不同位置的队员各司其职、协同配合，如果队员中有个人主义、英雄主义思想，只想当"红花"，不愿做"绿叶"，是难以取得比赛胜利的，这就能够培养大学生的集体主义精神和协同配合意识。

二、发挥足球运动在高校体育教学与训练中作用的策略

（一）注重培养大学生的足球运动兴趣

人们常说"兴趣是最好的老师"，这句话也适用于足球运动教学。当大学生对足球运动拥有了强烈的兴趣时，不仅能够让体育课堂教学事半功倍，也有利于大学生课后积极参与足球运动，进而从整体上提高体育教学的成效。因此，要发挥出足球运动在高校体育教学与训练中的作用，体育教师就要把培养大学生的足球运动兴趣摆在突出位置。第一，体育教师在课堂教学中要更新教学理念，转变自身角色，摒弃以往以教师为中心的课堂教学方式，充分尊重学生在课堂教学中的主体地位，围绕大学生的身心发展特点和个性特征来组织教学活动。第二，体育教师要善于运用游戏教学法，通过丰富多彩、灵活多样的游戏来增强足球教学的趣味性，让大学生在轻松快乐的课堂氛围中体会足球运动的魅力，从而喜欢上足球运动。

（二）在足球运动教学中渗透人文教育

相较于其他体育运动类型，足球运动之所以在高校体育教学与训练中拥有更加重要的地位，除了其运动形式以外，更关键的是其便于体现更多的人文教育元素，有利于彰显人文教育在体育运动教学中的意义和价值，达到促进大学生全面发展的目的。因此，高校体育教师在进行足球运动教学的时候，就要高度重视人文教育的渗透，最大化足球运动教学的教育功能。第一，体育教师在课堂教学过程中，要避免一味讲授足球运动知识，一味训练足球运动技能的倾向，随时随地把遵守规则、奋进拼搏、协同配合、自我突破、集体主义等精神理念融入课堂教学各个环节之中，让大学生在潜移默化中提高自身的综合素质。第二，体育教师要注重与大学生之间建立平等、民主、和谐的师生关系，及时解答他们在足球运动中遇到的各种问题和困惑，当大学生在足球竞技对抗中遇到不良心理和思想倾向时要给予纾解和正确指导。

（三）善于应用信息化教学手段

新世纪以来，以电子技术和通信技术为代表的信息技术渗入社会生产和民众生活的方方面面，也为教育领域带来了巨大变革。高校体育教师应当顺应时代的发展，积极主动地将信息技术应用于日常足球运动教学之中，增强足球运动课堂教学的丰富性，同时让教学更贴近大学生生活，增强足球运动对大学生的影响力。第一，教师要熟练掌握电脑、多媒体、投影仪、互联网的使用方法，并将这些技术恰当运用在足球运动教学之中。第二，教师要多运用移动社交软件等新兴交流沟通工具，加强与学生的交流互动，运用碎片化教学手段，让大学生在潜移默化之中增加足球运动知识，培养学生对足球运动的兴趣。

搞好高校足球运动教学，不仅能促进大学生的身心健康发展，还有利于提升大学生的综合素质，促进其更全面发展。高校体育教师应当以高度的责任感，不断创新教学方法，丰富教学手段，开创高校足球运动教育的新局面。

第二节　大学体育游戏在排球教学与训练中的应用

排球运动是从原来游戏中逐渐演变而来的，如今排球项目已经成为大学体育中重要的组成部分，受到很多学生的欢迎。体育教育的落脚点是增强学生的身体健康素质，体育教育中的游戏过程更多地关注游戏本身的趣味性和娱乐性。在开展排球教学训练活动时，如果依然采用原本传统落后的，只需要体育老师为学生口述排球有关的基本技能和比赛规则，这样只会让学生被动地接受排球学习方法，从而对排球的教学产生排斥，毫无疑问这样做会极大影响整个课堂的教学效率，下文便对排球教学训练中体育游戏的合理应用进行进一步分析。

一、现阶段排球教学中存在的问题

排球运动作为最为知名的几大体育项目之一，其观赏性强，互动比较频繁，很适合学校在这一阶段进行此类体育教育。然而与教学初衷相违背的是，现有的排球教学中，往往只有一些对排球动作的机械、重复训练，这不可避免地导致了学生对排球运动的排斥。现有的排球课堂教学还处于老师进行理论讲解和动作示范，学生单方面接受教学的教学模式，这种教学方式很难避免教师生搬教材、学生重复练习这些问题。现在的学生并非对排球知识一无所闻，因此教师在教学过程中应该针对学生的一些动作问题、排球运动意识进行简单干练的指导，这种指导既要言简意赅也要直击重点，从而提高教学本身的效率。另外，当学生出现失误的时候，教师应该因势利导指导学生正确的动作方式，尽量避免情绪化教学，要立足于树立学生对排球的学习兴趣和学习信心，以此来提高学生的学习效率。

二、大学体育游戏在排球技术教学中的应用

（一）大学体育游戏能促进教学方式的灵活性

大学生排球学习避免不了理论的教学，但是单纯的理论学习不免会导致整个学习氛围的枯燥僵硬，因此将体育游戏引入排球教学是教学任务中较为重要的一个环节。目前的教学方式十分单调乏味，仅仅是教师的单向教学以及学生的被动学习，这种教学方式

严重影响了学生排球学习的积极性。因此对于大学排球教育中引入体育游戏是一个十分明智的教学决定。同时引入体育游戏不仅需要严格按照教学目标和教学计划，还需要传递足够的排球知识以及保持足够的游戏氛围。因此排球教学过程中的体育游戏需要根据不同的教学阶段以及教学内容，确定最为合适的游戏内容，以此来实现提高教学效果的目的。

（二）大学体育游戏能促进启发学生思维

体育游戏在排球教学中的作用十分全面，不仅仅是提高学生的学习积极性和调节课堂氛围，同时还能提高学生对排球运动的个人理解，这种对体育运动的理解也正是体育教学的最终目标之一。引入体育游戏到排球教学中可以提高这种运动理解，理论上称之为"排球智商"，排球智商具体来说就是排球运动中的场上执行能力、临机应变能力及场上的组织能力。排球智商的培养一直是排球教学中的一个难点，而体育游戏的引入就可以通过游戏的方式，通过各种团体游戏来培养学生的临场观察能力、团队协作能力以及一定程度上的运动能力，从而实现提高排球智商的效果。

（三）大学体育游戏能够提升学生对排球比赛的能力

在我国排球教学课堂中，常见的教学方法还是按照以往传统落后的，教学中没有将排球的竞技性完美表现出来，排球运动只有采用比赛的形式才可以保证学生体会到排球竞争乐趣，这样一来学生学习排球的积极性会得到很大的提高（例如，垫球比赛，将学生平均分为三队，同时在排球底线列队站好，老师喊开始之后，队列最前面同学使用双手自垫球向前移动穿越网到对区底线再自垫回来交给下一个同学，下一个同学接过球继续垫球前行，每个队伍依次进行，完成最快的队伍获得胜利；传球比赛，排球场两边分三组隔网站好，1对1隔网传递排球，第一个人传完球之后排到本队伍的最后面，在前面的人按照顺序进行传球，同时传球时排球不能落地，只能用双手传球得分），大学体育游戏能够培养学生的合作意识和组织能力，还可以为学生创造一个互相交流的平台，从而完成教学任务并提高排球教学效率。

三、排球教学融入大学体育游戏时应注意的问题

（一）针对性科学选用大学体育游戏

大学体育游戏与排球教学训练拥有越来越多的交集，在教学实践中，选择与排球教学内容相符的体育游戏，一定要按照学生的自身情况确定，要保证选取的体育游戏与教学内容一致，因为选择的体育游戏一定要对排球教学内容发挥辅助作用，按照不同教学内容、不同教学阶段而选择相应的大学体育游戏，进而将大学体育游戏与排球教学完美融合，体育游戏的运动量也十分关键，既不能简简单单只是热身，也不能运动量过大导致学生的体

能损耗过大，因此对于体育游戏的选择也需要教师仔细斟酌。

（二）提高教师对大学体育游戏的认知水平

教师对大学体育游戏的认知水平同样关键，如何将体育游戏真正融入课堂就取决于教师对体育游戏本身的理解。例如，在排球教学过程中教师对排球的动作标准、详细规则、排球素养的认知本身就需要十分深入，这样才能让学生以最大的效率接受最为完整系统的运动知识，再通过排球游戏的趣味性激发学生进一步了解排球运动，最终得以实现排球课堂的预期效果。

（三）科学地组织大学体育游戏

在排球教学中引进大学体育游戏主要目的便是确保排球教学的高质量，培养学生学习排球的积极性和主动性，为了保证大学体育游戏在排球教学中发挥辅助效果，教师需要因势利导，对不同身体素质、不同学业任务的学生可开展不同的体育游戏，一方面能够最大限度促进学生的运动素养，另一方面也将各种弊端降至最小。

在排球教学训练中引进大学体育游戏可以最大限度激发大学体育游戏对于排球教学的辅助效果，在排球教学中老师必须要根据每个阶段的各自特点，选择最佳的大学体育游戏培养学生学习排球的兴趣；同时也要改变原本的传统落后的教学模式，运用大学体育游戏激发学生学习排球的兴趣。通过排球游戏来活跃课堂氛围，补充原有的教学任务，也可以加强学生的思维逻辑能力，从而全面提高学生对排球比赛的专业能力。

第三节 素质拓展训练在高校体育教学中的应用

素质拓展训练起源于欧洲国家，将户外场地作为训练的主要场所。这一过程中，可以采用典型活动、趣味化活动，为参与活动人员提供更加优越的亲身体验，实现提高身体素质、心理素质的目的。另外，基于素质拓展训练便于学生发现自身的潜能，强化其团队意识、综合素质。因此，高校体育教学中应该加大对素质拓展训练的重视，实现对学生综合素质的提升，践行新课程改革对素质教育的要求。

一、素质拓展训练在高校体育教学中的应用意义

在当前的体育教学中，融入素质拓展训练具有多方面的作用。具体而言，主要表现在以下几个方面：①优化体育教学的模式。开展素质拓展训练，需要将学生的需求作为核心，制订相应的教学计划、方案，从而不断提高教学质量。因此，可以在根本上彰显学生的主

体地位，符合新课程改革的理念、要求，便于对传统的体育教学模式进行优化，提高学生体育方面的核心素养。②促进学生的全面发展。高校的体育教学中，通过素质拓展训练以学生全面发展、职业能力等方面的需求为核心。因此，教师需要根据岗位的实际情况，对教学方案进行针对性设计，以此来为其他学科的教学服务，实现企业岗位、体育教学之间的相互衔接。不仅如此，还有利于培养学生的就业观、世界观、价值观等，为学生的稳定发展夯实基础。

二、素质拓展训练在高校体育教学中的应用现状

在高校的体育教学中，虽然已经将素质拓展训练应用在其中，但是因为多方面因素的影响，教学效果并不理想。其中，素质拓展训练在高校体育教学中的应用现状主要包含以下几点：①课程体系不完善。由于缺乏素质拓展训练方面的经验，教师无法合理设计课程的内容，同时评价方式不能得到及时有效的调整。因此，现行的课程体系并不能为教学提供依据。②身心素质训练不科学。素质拓展训练不仅仅包含单一的身体素质，或者单一的心理素质。但是，因为素质拓展训练的体系不健全，导致体育教学的存在片面性，无法对学生的身心素质进行综合培养。③拓展训练的方式传统。在体育教学中，拓展训练通常由教师组织学生进行野外活动，这种方式十分传统，并不能充分调动学生的积极性，影响素质拓展训练的有效性。④缺乏安全教育。对于素质拓展训练而言，安全教育是其中重点的内容之一，直接影响着学生对安全的认识。不过很多体育教师忽视了安全教育，增加了素质拓展训练期间的风险。

三、素质拓展训练在高校体育教学中的应用路径

（一）积极完善素质拓展训练的课程体系

对于素质拓展训练而言，其教学方式多种多样。因此，教师在安排课程内容的过程中，应该尽可能围绕学生的兴趣，增强教学内容的多元化程度。为了实现这一目标，教师必须对素质拓展训练的课程体系进行完善。例如，对体育教学中素质拓展课程进行系统合理的分类，即团队协作类、人际沟通类、个人挑战类等。基于此，教师可以结合课程的进度，对选择不同的拓展训练类型，然后对教学内容进行合理的确定。同时，教师还能够结合课程的分类，还能够明确每一次课程的教学目标，有目的地进行教学，推动课程顺利进行。采用此种方式进行教学，可以培养大学生在沟通、合作等方面的素质，强化学生的自信心，为学生的综合发展铺平道路。简而言之，在开展素质拓展训练的过程中，对课程体系进行完善不仅是顺应新课程改革的重要举措，更能够为学生提供因地制宜、因材施教的教学与训练。

（二）重视对大学生的身体素质进行训练

从素质拓展训练的表面进行分析，增强学生的身体素质是主要的目标之一。只有这样，才能够更好地迎接学习、工作中的挑战。同时，还能引导学生形成健康锻炼、终身锻炼的意识与良好习惯。为了实现身体素质训练的目的，教师应该综合考虑学生身体素质方面的差异，制订科学有效的拓展训练计划。例如，对于身体素质相对较差的学生而言，教师应该践行循序渐进的原则，并为学生营造一个和谐的情景氛围。采用此种方式，可以避免学生出现厌学的不良心理，正确面对拓展训练的压力，从而不断提升体育教学的效果。另外，教师还可以利用团队协作类的教学内容，鼓励学生之间互帮互助，采用"帮扶制"进行教学，避免出现学生掉队的现象。

（三）积极对大学生的心理素质进行锻炼

心理素质训练是体育教学中素质拓展训练的主要内容，更是身心素质的关键构成部分。因此，教师在重视身体素质训练的过程中，还应该加大对心理素质教学的重视。在这一过程中，教师应该对学生继续心理诊断，然后采用素质拓展训练的方式解决学生的心理问题。例如，对于学生自卑、自我怀疑等不健康的心理，教师可以采用示范、开导的方式进行处理，并结合学生的能力设置训练内容，从而可以增强其自信心。另外，教师应该对学生的自我调节能力进行培养，即对身心状态进行培养。同时，还应该对学生的心理变化规律进行分析、掌握，并对学生进行心理方面的干预。例如，引导学生进行表象训练、调整呼吸、渐进肌肉放松、自我暗示、模拟训练等，增强学生心态的稳定性。

（四）通过赛事的方式实现素质拓展训练

传统的户外拓展训练方式，虽然可以实现简单的教学目标，但如果一直采用此种方式，将会影响学生的积极性。对此，教师可以定期举办与素质拓展训练相关的赛事，为学生提供发展、展现自身特长的空间。基于此，不仅能够实现对传统教学方式的创新，还能够对教学资源的不足进行弥补，进一步提高学生的综合素质。另外，由于学生个体之间的差异十分明显，通过赛事便于学生认识到自身的优势、不足，并意识到取长补短的重要性。不仅如此，基于赛事也可以强化学生的责任意识、团结精神、合作能力，从而促进学生全面发展。因此，教师必须加大对赛事的重视，深化素质拓展训练的重要意义，为学生的稳定发展提供基本保障，增强高校体育课程教学的质量、效率。

（五）在素质拓展训练中融入安全教育

在体育教学中融入素质拓展训练内容，需要教师加大对安全教育的重视，从而可以对学生的思想意识产生潜移默化的影响。具体而言，教师可以在素质拓展训练的过程中，做好安全隐患、训练形式、训练时间等要素的管理。在正式进行拓展训练之前，保证学生明确掌握本次课程的内容、目标以及训练要求，然后依据课程的规范要求进行训练。采用此种方式，可以对学生秩序意识、纪律意识进行强化。在诸多大学生中，存在部分寻求刺激感的学生，教师必须加大对这一方面学生的关注，积极做好危险动作、风险等方面的安全教育，引导学生在训练中实现自我保护。由此可以发现，在素质拓展训练期间，对学生进行安全教育具有较强的必要性，与课程的质量与效率、学生的身体安全也有着紧密关系。

综上所述，素质拓展训练在高校体育教学中的应用有着多方面的意义，需要得到高校的重视。但是，当前的素质拓展训练并没有达到理想效果。所以，高校必须结合学生的特点、体育教学实际等，对素质拓展训练的教学方式进行调整、优化，丰富日常体育的形式，从而不断激发学生的兴趣，调动其日常学习、训练的主观能动性。长此以往，便可以彰显出素质拓展训练的作用，为学生日后的综合发展铺平道路。

第四节　表象训练法在高校体育舞蹈教学中的应用

高校体育舞蹈是一种创新型、高效用的体育活动。近些年，高校体育舞蹈教学各项机制的持续不断完善使得高校体育教师开始重视体育舞蹈教学的重要性。在这种严峻的教学环境下，很多高校体育舞蹈教师都感觉到很大压力和挑战，使得高校体育教师不得不以一种与时俱进的心态积极创造更多创新型、高效用的教学方法。高校体育教学各项机制的持续不断完善使高校体育舞蹈教学方式逐渐开始向多样化方向发展。在高校体育舞蹈教学中使用表象训练法在某种程度上能够提升广大学生综合审美水平，加深学生之间的交流和友谊，使广大学生能够深入体会体育舞蹈中带来的各种乐趣，另外，在某种程度上还能够把高校体育舞蹈中的服饰美与动作美充分地表现出来。

一、高校体育舞蹈教学的必要性

高校体育舞蹈在某种程度上不仅能够有效提升学生身体与心理素质水平，还能够让学生的身心得到放松。高校体育舞蹈在一定程度上还能够起到良好的减肥作用，使学生健康成长。社会经济的持续不断快速发展使得各行各业之间的竞争越来越激烈，高校整体就业压力也越来越大，这就给高校体育教师带来了很大压力和挑战，让他们不得不以一种与时俱进的心态积极创造更多创新型、高效用的训练方法，使得学生身体能够得到放松。其中体育舞蹈就是一种不错的选择，从长远角度分析，体育舞蹈也是国家与种族之间进行有效交流的重要方式，尤其在不稳定的国际局势动荡中体育舞蹈比赛更是一种非常重要的政治外交。

二、表象训练法的教学优势

表象训练法是一种创新型、高效用的教学方法。近些年,随着高校体育舞蹈教学各项发展机制的持续不断完善,越来越多人开始重视表象训练法的应用。表象训练法通常是对自己在脑海中形成的各种运动进行科学、合理的整理与创造,使得高校体育教师做的各项体育舞蹈动作能够在学生脑海中反复出现,学生在进行舞蹈训练过程中高校体育教师应该对学生的各项舞蹈动作进行及时指导,让学生能够对舞蹈有一个深入、全面的认识,只有对舞蹈有了深刻的认识,学生才能够更好地去练习舞蹈,以此提升广大学生气质水平。与此同时表象训练法在某种程度上还具有巩固记忆的效果,在练习完舞蹈之后学生脑海中会浮现出来各种标准、规范的舞蹈动作。另外,学生还应该对各种细节和技巧进行全面分析,只有这样才能够进一步加深舞蹈动作的各种印象,使得广大学生舞蹈动作整体处于一种流畅性。除此之外,表象训练法在某种程度上还能够进一步推动舞蹈动作的创新。通常情况下,学生在练习舞蹈过程中一般都会对各种舞蹈动作进行认真模仿,逐步学习到更多舞蹈方面的知识。当然,在舞蹈练习过程中教师也发挥着举足轻重的重要作用,伴随着各种动作的熟练,广大学生也会对舞蹈产生更多新的认识,通过舞蹈练习过程中的日常总结能够在短时间内完成各项舞蹈动作的创新,在某种程度上有效培养广大学生整体感官与感悟能力水平,让学生能够对舞蹈动作有一个更加深刻的印象,从而更好地去锻炼身体。

三、表象训练法在高校体育舞蹈教学中的应用

(一)舞蹈方法设计

1. 掌握动作

高校体育舞蹈教学是一项繁冗复杂的综合性工作。教师教学时要综合各方面因素去考虑和分析,通过科学、合理的方法来提升广大学生舞蹈水平。教学过程中常常发现很多学生对舞蹈动作并不是非常熟悉,教师要深入了解每个学生学习舞蹈的特点,给学生播放与舞蹈相关的各种录像,让更多学生对舞蹈动作有深入、全面的认识。学生练习舞蹈底子有很大差异,对舞蹈动作不规范的学生教师可以做示范,把动作重点难点详细说明,有效规范学生的动作。之外,教师还应该合理安排学生进行合作学习,通过对练让更多学生意识到自己的不足,然后改正。观看舞蹈录像能够让学生对舞蹈有更加直观深入的认识,对各种动作学习有帮助。

2. 提升动作

教师应全面、深入了解各项动作,并传授给学生,广大学生了解各项动作后才会产生兴趣,会更主动的学习,提升动作质量、整个舞蹈的流畅性与熟练程度,同时,要让学生自己在脑海中对各项舞蹈动作进行全面分析,提升动作印象。此外,还要提升学生间的配

合与默契。

（二）表象训练法的实施

1. 掌握音乐节奏

音乐和舞蹈之间联系非常密切。单纯的舞蹈不易激发学生学习的兴趣，其积极性和主动性也会下降很多。教师可通过播放音乐的方式来让更多学生对舞蹈练习产生节奏感。

2. 教师间接指导

在教学过程中，舞蹈教师扮演着非常重要的角色，其指导能够帮助学生解决各种问题。探戈舞蹈是双人舞蹈，节奏大概是 2/4 节拍，整体顿挫感非常强。在教学过程中要播放与此相关的音乐，只有具备音乐节奏感的舞蹈才能够激发广大学生学习的积极性和主动性。学生跟随着节奏感做各项交叉、踢腿与跳跃等各种动作才能够做到位，整个舞蹈动作节奏感会更加流畅。让身体和整个音乐进行充分的结合起来，把舞蹈的价值充分体现出来。在某种程度上能够让学生对舞蹈产生更深刻的认识，在短时间内完成各项舞蹈动作。

（三）高校舞蹈教学实例

以狐步舞蹈教学为例，在教学过程中，高校舞蹈教师应让更多学生意识到狐步舞蹈是一种流动感非常强烈的舞蹈，对舞步的衔接非常重要。每个舞步衔接都要圆润流利、舞蹈步子也要合理，中间最好不要有停顿。在跳舞蹈过程中脚步也要更加灵活，脚步每个位置的摆放、技巧、倾斜与反身动作都要熟练掌握。这种舞蹈一般都会被应用到很多结婚典礼或者其他重要社交场合当中，稳定的舞蹈技巧在某种程度上能够让学生产生浓厚的兴趣。除此之外，舞伴也是非常重要的。脚步要轻轻刷过地面，一定不要太重，以免给舞伴带来很大压力，让舞伴跟不上节奏。在舞蹈过程中双脚一定要保持平行。狐步舞和探戈舞两者之间存在很大差异，狐步舞一般情况下不需要进行交叉，整个倾斜度也要处于正确位置，如果过分倾斜在某种程度上将会造成摔倒，倾斜不到位的话舞蹈就会显得不美观，因此学习舞蹈的广大学生一定要记住舞蹈的各项要点，只有这样学生才能够在短时间内掌握各种舞蹈要点。

高校舞蹈教学过程中表象训练法是比较常用的一种教学方法。近些年来，高校体育舞蹈各项发展机制持续不断完善，越来越多人开始关注和重视高校体育舞蹈的重要意义。正确地使用高校表象训练法在某种程度上能够提升广大学生日常生活水平，使广大学生身心发展处于一种健康状态当中。与此同时在某种程度上还能够促进广大学生身心全面发展，只有这样才能够有效提升每个人的表象发展水平。

第五节　循环训练在高校体育教学中的应用

循环训练是体育教学中的一种新型教学方法，不仅可以让学生有效提升自身身体素质，还能够让教师提升教学水平。相比以往的体育教学方法，循环训练方法可以让学生循环渐进地进行体育训练，与学生自身需求也极为相符，以此提升体育教学质量。

一、循环训练在高校体育教学中的作用

（一）提升学生综合能力

高校在开展循环训练教学的同时着重培养学生的身体状态，让学生能够有着一个好的身体素质是保障体育教学的基础，更是提升学生体育水平和体育能力的重要基础。在体育教学开展过程中，教师可以通过循环训练的方式来保障学生的身体各项机能运转，以此提升学生的免疫能力和抵抗能力。对于体育教学来说，它能够提升学生的综合素质，更是学生成长的重要部分。因此，学生身体素质的提升在某种程度上也是提升了学生的综合能力。

（二）激发学生学习兴趣

循环训练方法在体育教学中具有独特性、有效性、灵活性的特征。因此，高校开展体育教学时循环训练法得到了教师的喜爱和应用。教师应用循环训练法不仅能够提升学生学习兴趣，还能够让学生充满积极性的投入到体育训练，让学生能够主动参与到体育教学活动当中，以此提升学生综合能力和训练水平。循环训练对于我国体育教学来说还是一个新型的教学方法，处于初步应用阶段，但其具有非常大的训练价值和应用优势，对帮助学生练习体育技能、提升学习兴趣、丰富学习内容具有非常重要的作用，其中新颖的教学方法与学生学习兴趣极为相符，能够确保学生在兴趣的带领下认真训练。就体育运动中的田径运动来看，由于运动员每日训练消耗量过大，如若不能够具备良好的力量素质，那么对运动员日后比赛一定会产生一些影响。因此，可以使用循环训练方法来完善田径运动，让学生的训练更具有持久性。在素质教育背景下，高校应积极培养学生的综合能力，不仅需要提升学生文化知识水平，更应该着重提升学生的综合能力，以此实现人才培养的发展目标。

二、循环训练在高校体育教学中的应用策略和原则

（一）提升学生综合能力

循环训练教学与其他教学方法有所不同，可以由教师自主设定程度，让学生在符合较大的运动训练中培养学生的意志力和忍耐力。长此以往，学生必将激发出身体内的各项潜能，由此提高学生的综合能力。需要注意的是循环训练法教学开展必须要由易到难，在教学初期需要学生不间断地进行训练，不能规定学生训练实践，在教学中期需要不中断的进行训练，但教师可以限定学生的训练时间，让学生在训练时更具有紧迫感。在教学后期教师需要增大学生训练难度，让学生不仅需要紧迫的完成任务，更要保障训练质量能够达标。

（二）做好教学设计准备

教师在循环训练法的教学过程中可以让学生根据程序进行训练，在每一个环节都能够休息一段时间。这种循环训练方式可以帮助学生进行反复训练，虽然间歇时间较长，但对提升学生速度、耐力、力量却极为有效。还有一种运动强度较高的训练方法，学生在训练环节中减少重复次数，由于运用强度较高，休息的时间也会较长，但对提升学生综合能力却十分有效。这种新型教学模式在极大程度上帮助学生完善自身体能训练，让学生身体的各项素质都能得到有效发挥。其次，体育教学开展循环训练方法需要提前做好教学设计准备，明确学生的训练内容和训练路线，让教师在清晰的教学目的下充分了解学生当前学习情况和学习需求。一般来说，学生的体育基础训练应将学生身体特点放在教学首要位置上，通过上臂训练、肩部训练、背部训练、腹部训练、腿部训练来达到综合能力提升的目标。

综上所述，高校在开展体育教学时，需要运用科学有效的教学方法进行体育训练，体育教师和领导人员对此要加以重视，在体育教学中融入循环训练方法，以此提升学生的身体素质和综合体育水平，从而提升教学效率。

第六节 分层优化教学在高校体育训练中的应用

高校是一个培养学生全面发展的重要教学场所，由于我国传统应试教学思路的影响，导致一些学生在中学阶段就背负了较大的学习压力，进而忽视了体育方面的训练，在高校开展高质量的体育教学引导，其意义尤为重要。在调查中发现，传统的体育教学过程中，教师所采取的主要是"一刀切"式的教学方法，对于我国现阶段的体育教学要求，难以满足，所以改善传统教学思路，在高校体育课堂上引入分层优化的训练措施，对于高校体育

教学质量的提升大有裨益,这一点,无论是一线教职人员还是高校管理人员,都应该要给予相应的重视。

一、分层优化教学的相关概念

分层优化教学内容,主要就是教师在教学过程中,根据学生现有的能力水平、发展潜力,对其进行科学化的划分,在课堂上形成几组各自水平接近的练习群体,并在教学过程中给予区别对待,这些群体可以在教师恰当的分层策略中得到有效的发展与提升。在调查中发现,对于这种教学方法的应用,其主要是根据学生的实际学习表现,以及在以往测验中取得的成绩,来划分成不同水平的班组,教师根据各个班组的实际训练水平,对其展开引导性的教学。在高校体育训练的过程中,教师除了要对学生的身体素质,以及体育知识的掌握技能进行充分了解外,还应该将学生分成若干训练小组,并在课堂上对其展开具有针对性的教学引导,切实提升学生的整体运动素质。

二、在高校体育训练中实施分层优化教学的必要性

在体育课堂上,教学内容对于学生身体素质有着比较严格的要求,且不同运动项目对于学员的身体形态要求也有所不同,传统的训练方法,教师只是按照统一的教案,采取相同的教学内容,尽管能够完成高校体育教学任务,但是也会导致一些身体素质好、掌握技术动作快的学生,对于授课内容的积极性不是很大,还有那些身体素质较差、掌握技术动作慢的学生,可能会觉得训练内容过于复杂,进而对体育训练产生厌倦的情绪,这种情况会进一步加大学生间两极分化的问题。

分层优化的教学内容,是在满足高校体育教学大纲,以及相关技术要求的基础上,针对大学生个体间的差异性,形成的一种多元化教学模式,这种教学手段主要从学生的实际情况出发,并在训练设计、训练内容和训练目标上,构成了层层递进的教学思路,帮助学生达到了预期的训练目标。

三、在高校体育训练中应用分层优化教学时需要避开的误区

(一)忽略课程总体目标

在高校体育教学训练的过程中,课程总体目标不仅仅是引导学生体育训练的主要依据,同时也是整个体育训练的关键点,对课程总体目标熟练地掌握,并划分出相应的训练层次,是开展分层优化教学的基础;所以,不同层次的划分,要将总体目标设定为关键基础,根据学生的不同特点,来划分出不同的层次。但是在调查中发现,部分高校体育教师,对于分层优化教学的理解过于表面化,忽视了课程总体教学目标所发挥的作用,导致分层目标与总体目标产生了出入与冲突,这对整体训练效果的提升极为不利。

（二）忽视学生个体差异

在高校体育训练过程中，学生是教学主体，对学生的实际状况进行详细的掌握，是教师需要做出的一项重要内容。但是在实际了解中发现，教师可能对学生参与体育训练的关键性信息进行了掌握，但是像年龄、体智水平和性格爱好等内容，却缺乏深入的了解，这就导致教师在组织分层教学设计的时候，对于学生的实际学习表现，未能展开更为深入的分析。所以，要想使分层优化教学措施得到更为有效的作用，教师还应该对学生的不同特点，在训练进度、训练层次上，展开具有针对性的划分，使教学质量更上一个台阶。

（三）训练层次划分混乱

在训练层次的划分上，教师尤其需要重视划分的内容性，不能一味按照主观化的教学意识，这样很可能会导致整个训练层次的划分出现混乱的状况。在划分上，要将其作为提升整体训练效果的一种手段，并不是在班内对学生进行优劣区分，对于各个层次的学生，教师都应该做到一视同仁；另外，在进行分层优化训练的过程中，教师要对各个学生的长短处、优缺点进行深入的掌握了解，帮助每一位学生找到其进步的空间，使其能够朝着更为综合化、纵向化的方向发展，并且使各个层次之间具有衔接性。

四、在高校体育训练中实施分层优化教学的原则

（一）区别对待的原则

区别对待的教学原则，不仅仅是分层优化训练的教学实践基础，同时也是执行分层优化训练的基本原则。针对不同学生，教师要设计出不同的训练方法，并且针对不同学生对同一内容所产生的不同理解，以及不同训练环境会对学生带来的不同影响，教师都应该给予重视，使教与学的内容达到高度统一，令每个学生都能够获得相应的满足感与成就感，确保训练效果的最大化。

（二）循序渐进的原则

循序渐进的教学原则，主要是根据学生的身体、心理机能等方面的变化规律，做出相应的教学引导。在施行分层优化教学策略的时候，教师需要投入相应的精力与时间，结合学生的实际情况，对课程的安排，采取由简到繁、由易到难的教学原则，并尽可能衔接前后知识点。与此同时，考虑到课程与课程之间应具有相互连接的特点，教师还应该帮助学生在掌握动作技能后，进行相应的知识迁移。

五、高校体育训练中实施分层优化的具体措施

（一）根据学生间的差异进行合理分层

在高校体育教学训练过程中，要想使分层优化措施发挥出相应的作用，教师首先需要根据学生的能力、性格、身体素质，以及对技术的理解能力，将班级内的学生分为不同层次的训练群体，在完成分层后，教师还应该对各个层次的学生，展开详细的了解与分析，做好记录工作，根据差异来进行合理化的教学。

（二）按照不同训练阶段优化目标分层

优化训练阶段的内容，是实现课程效果的指路灯，同时也是新课程体系对课程设计所提出的相关要求。根据不同训练阶段，优化目标分层工作，可以让学生通过自己的努力，以此获得成功的满足感，进而使那些综合能力较弱的学生取得进步，使那些综合能力较强的学生变得更强。

（三）在训练中设计多角度的学习评价

在体育训练过程中，学习评价仍旧是一项不可或缺的内容，体育训练过程的本质性，主要包含认知与实践这两个方面的内容，所以在训练过程中，学生的学习态度、情意表现等与训练目标的要求是否贴切，也是新课程改革背景下教师需要注意的一些评价性问题。在具体实施的过程中，可以从多角度、多元化的方向入手，对分层优化训练的重要环节给予相应的重视。

总之，在高校体育训练教学过程中，对于分层优化教学手段，教师不妨结合学生的实际学习表现，做出切实有效的教学引导，深化学生的实际学习能力，为高校体育教育质量的发展做出相应的贡献。

第七节　户外运动训练在高校体育教学中的应用

具有很强趣味性的户外运动训练是对高校学生的一项挑战，其课程设计内容诸多，包含野外、水上等训练形式。跳水、游泳、划艇等是水上训练的内容，户外生存技能、登山攀岩等是野外训练的内容，高架绳网等是场地训练的内容。本节主要针对在高校体育教学中开展户外运动训练的应用进行研究。

一、户外运动训练在高校体育教学中开展的意义

户外运动训练的开展紧密连接了学校与自然，不仅达到了强身健体的作用，很多精神丰富的运动项目，使学生的社交能力和竞争意识得到良好培养，增强了学生对困难挑战的信心。学生可以参与到集体活动中，与自然的接触时间增加，与同学的相互帮助增强了团队意识，沟通协调能力提升。在变化状态的自然环境中，学生的灵敏性得到了培养，既可以在户外实践中对已有装备灵活运用，又能避免伤害事故的出现。

二、高校体育教学实施户外运动训练的策略

（一）将户外训练的师资建设加强

对学生来说户外运动训练是一项十分重要的考验，为了能够取得良好的训练效果，必须将专业的师资队伍建设加强。体育教师应当根据户外运动训练课程的内容进行合理设计，通过自身具备的教学实施能力以身作则为学生进行示范。由于当前多数高校体育教师没有充足的户外运动训练经验，对训练的了解程度也不够，因此必须集中培训教师。体育教师应当将基本的理论知识、项目内容、训练过程了解掌握，结合学生特点，将户外运动训练与体育教学结合，确保学生能够得到真正锻炼并使训练顺利开展。

（二）因地制宜对户外运动形式进行合理选择

体育教师应当根据高校学生的运动兴趣，在正式开展户外运动训练前，向学生介绍相关的知识，使其能够将户外运动的基本技能掌握。之后可以根据现有的体育条件，因地制宜地对户外运动的形式进行合理选择，使学生的运动以轻松的心情投入到户外运动中。体育教师应当将户外运动的各种训练知识向学生详细讲解，使其将相关的技能掌握，对注意事项了解，保证户外运动训练的安全性。同时高校应当对学生群体的情况进行深入调查，掌握学生对户外运动训练的认知与认可程度，结合其实际情况将相关课程的针对性提升，使学生能够对户外运动的重要性和意义真正了解，从而积极参与至训练当中。

（三）教学方式的合理采用

体育教师在户外运动训练的理论教学过程中，可以利用现代信息技术以视频的形式，将户外运动的流程向学生展示，或是将枯燥单一的理论学习转为师生讨论，使教学方式更加生动有趣，或是通过信息技术将定向越野比赛、公开赛等户外运动赛事给学生播放并为其详细解说，使学生对理论知识有更深的理解。同时可以让学生结合自身的兴趣爱好与身体素质，对户外运动的训练项目自行选择，通过学习将体育知识、技能与活动掌握，使训练过程变得更加具有科学性与针对性。另外高校之间可以将合作力度加强，不同院校之间

可以共同联合开展户外运动训练的组织活动，共同研究教学课程，学校之间还可以开展活动竞赛使学生的户外运动训练内容更加丰富多彩。

（四）户外运动训练的安全管理

由于户外运动具有探险性和刺激性，学生进行训练时会面临很多危险因素，因此对训练过程中的安全问题必须提高警惕，有效避免发生意外。对训练项目进行设计时，应当将可能存在的安全隐患综合考虑，具有复杂地貌的训练地点不可以选择。体育教师将踩点工作提前做好，并将安全检查认真开展，对训练中易出现危险的地方掌握提前预防。进行训练之前体育教师提醒学生注意安全，在训练阶段将监督管理工作加强。高校根据这些特点可以专门设置管理机构，为使训练能够有序开展实行一级管理体制。

（五）训练经费的保障

虽然户外运动训练的开展所需资金不多，但是高校依然应当根据训练项目和使用器材投入必要的启动资金。对于户外场地项目，条件具备的学校可以拓展水上和野外项目，确定项目后采购相应的训练器材。对教学不影响的情况下，可以对外开放训练基地，不仅可以为群众提供服务，还能够将资金回收投入，为今后离开展户外运动训练所需资金提供保障。

综上所述，在高校体育教学中实施户外运动训练，对学生全面发展和改革创新体育课程体系极为有利，体育课程具有更加丰富的内容，同时拓展了体育课程的空间与时间。具备实用性和趣味性的体育课程，将体育教学的作用充分发挥利用，因此高校应当对让户外运动训练更加重视，增强并培养学生的体能和健康心理，达成高校体育教学的目的。

第八节 体育游戏在高校排球教学与训练中的应用

排球运动作为一项隔网对抗的集体球类运动项目，具有激烈的对抗性，需要学习者具有非常高超的技巧，并反复地进行练习，正是因为这样，学生才容易出现排斥和懈怠的情绪。过去的体育教学只注重练习，但这样也会影响学生的学习热情。所以在高校排球教学中加入了体育游戏，将体育教学变得更好，能够更加有效地进行排球教学。

一、体育游戏的含义及特征

（1）体育游戏的含义。体育游戏作为游戏的重要组成部分，游戏又在体育教学中占据着非常重要的地位。体育游戏是游戏在发展过程中逐渐衍生出来的一个特殊的分支，它将体力发展、智力发展、游戏娱乐结合起来，共同构成了这个体育游戏的内容。体育游戏的主要练习方式就是身体练习，它的主要目的是增强人们的体质、陶冶人们的性情，它是现代社会产生的一种新的游戏方式。与此同时，体育游戏更是一种社会现象，它的发展是与社会的发展分不开的。

（2）体育游戏的特征。体育游戏，顾名思义就是既有体育的特征又有游戏的特征。体育游戏具有很强的意识性和目的性，是一个非常有意义的活动。体育游戏的目的性是出于教育与娱乐方面考虑的，它要达到的无非就是增强学生的体育技能并增强学生的体力与智力的目的。而体育游戏的意识性就是基于人类本身来考虑的，人类与动物最本质的区别就是人类能够有意识地进行活动，所以体育游戏的意识性是由人类本身的意识所决定的，因此人们的游戏是动物所不能达到的，人们可以根据自己的想法去创造丰富多样的体育游戏而动物不能，人们可以不断地推动体育游戏向前发展，让体育游戏迈向一道新台阶。

体育游戏还具有集体性和趣味性。体育游戏当然与体育有着密切的关联，它的一些基本游戏活动都是走或者跑之类的，是我们每个人都会的，所以不需要进行系统学习也十分简单容易上手，所以深受大众的喜爱，是一个集体性非常强的游戏。体育游戏除了集体性之外还具有非常丰富的内容，容易使学生产生兴趣，只有受到了学生的喜爱才能够让体育游戏充分地融入体育教学中去，这样不仅能够增强学生的身体素质，还能让学生在欢乐时光中锻炼到身体，一举两得。

二、体育游戏在排球教学中的应用

（1）体育游戏在排球准备活动中的应用。排球的运动剧烈，需要有较大的运动幅度，是一项非常消耗体力的运动。因此在高校中进行排球教学之前一定要让学生充分的热身，如很多老师都会选择慢跑的方式或做一些准备的游戏活动等都是可以让学生充分的热身，同时这些游戏活动的引入不仅可以增强学生的积极性，还可以让学生把注意力都集中到这一件事情上。这样就可以达到热身的效果，为之后的排球教学做好充分的准备。因此，适当的引入一些有趣的体育游戏可以帮助学生提高学习兴趣和学习效率。

（2）体育游戏在排球技术教学中的应用。排球在以前的教学方式一般是重复练习，比较枯燥乏味，因此学生对于排球的学习不感兴趣，在训练的过程中就容易出现懈怠情绪，从而失去学习排球的意义。如果在排球的教学中融入一些有趣的游戏，就会提高学生的学习兴趣。

（3）体育游戏在排球放松活动中的应用。在排球教学过程中，体育游戏起到了一个辅助的作用，让学生通过游戏的方式来受到启发，让他们对排球产生学习的兴趣，提高他们的积极性。其次，体育游戏不仅仅可以在课上起作用，学生同样可以在课下把体育游戏当作放松的一种方式，这样可以减轻学生的学习负担，有利于他们释放压力。

综上所述，传统的体育教学并不适用于当前的教育，所以体育游戏是非常有必要引入教学课程中的，这样就能够改善原本的教学方式，打破传统的教学方法，给枯燥的教学带来一点乐趣，让学生产生体育学习的兴趣，既可以让学生完成老师布置的学习任务，也可以提高教学的成果，以此让学生积极主动地学习排球。

参考文献

[1] 曲宗湖，杨文轩. 学校体育教学探究 [M]. 北京：人民体育出版社，2000.

[2] 李元伟. 科技与体育：关于新世纪体育科学技术发展问题 [J]. 中国体育科技，2002，38(6)：3~8，19.

[3] 徐本立. 运动训练学 [M]. 济南：山东教育出版社，1990：228.

[4] 王智慧，王国艳. 体育科技与体育伦理辨析 [J]. 体育文化导刊，2016(6)：146~148.

[5] 曹庆雷，李小兰. 前沿科技与体育 [J]. 山东体育科技，2004，26(1)：37~38.

[6] 董传升."科技奥运"的困境与消解 [M]. 沈阳：东北大学出版社，2004：15.

[7] 张朋，阿英嘎. 科技与体育的对话：利弊述评 [J]. 福建体育科技，2015，34(4)：1~3.

[8] 谢丽. 从奥运会比赛成绩看运动器材的变化 [J]. 体育文史 (北京)，2000(4)：52~53.

[9] 杜利军. 奥林匹克运动与现代科学技术 [J]. 中国体育科技，2001(3)：6.

[10] 于涛. 从哲学角度再认识身体对揭示体育本质的意义 [J]. 上海体育学院学报，2008 (3)：18~20.

[11] 张洪潭. 体育的概念、术语、定义之解说立论 [J]. 西安体育学院学报，2006 (4)：1~6.

[12] 张庭华. 走出体育语言：从语言学界的共识看媒体体育语言现象 [J]. 体育文化导刊，2007 (7)：50~53.

[13] 黄聚云. 从哲学角度再认识身体对揭示体育本质的意义 [J].2008 (1)：1~8.

[14] 爱德华·萨丕尔. 语言论 [M]. 北京：商务印书馆，1985.

[15] 于涛. 体育哲学研究 [M]. 北京：北京体育大学出版社，2009.

[16] 董文秀. 体育英语 [M]. 北京：人民体育出版社，2009.

[17] 伊恩·罗伯逊. 社会学 下 [M]. 北京：商务印书馆，1991：719.

[18] 汪寿松. 论城市文化与城市文化建设 [J]. 南方论丛，2006 (3)：101.

[19]R.E. 帕克. 城市社会学 [M]. 北京：华夏出版社，1987：41，154.

[20] 乔尔. 科特金. 全球城市史 [M]. 北京：社会科学文献出版社，2006：3.

[21] 卢元镇. 体育社会学 [M]. 北京：高等教育出版社，2001：211.

[22] 乔治. 维加雷洛. 从古老的游戏到体育表演 [M]. 北京：中国人民大学出版社，2007：107.

[23] 王祥荣.生态与环境：生态可持续发展与生态环境调控新论[M].南京：东南大学出版社，2000：55.

[24] 郑杭生.体育学概论新编[M].北京：中国人民大学出版社，1987：345.

[25] 周爱光.体育本质的逻辑学思考[J].武汉体育学院学报，1999(2)：19~21.

[26] 熊斗寅."体育"概念的整体性与本土化思考：兼与韩丹等同志商榷[J].体育与科学，2004(2)：8~12.

[27] 王春燕，潘绍伟.体育为何而存在：20世纪80年代以来我国体育本质研究综述[J].体育文化导刊，2006(7)：46~48.

[28] 宋震昊."体育"本体论(二)：体育概念批判[J].南京体育学院学报：社会科学版，2006(3)：1~6.

[29] 胡科，虞重干.真义体育的体育争议[J].南京体育学院学报：社会科学版，2010(4)：59~62.

[30] 张军献.寻找虚无上位概念：中国体育本质探索的症结[J].体育学刊，2010(2)：1~7.

[31] 崔颖波."寻找虚无的上位概念"并不是我国体育概念研究的症结：与张军献博士商榷[J].体育学刊，2010(9)：1~4.

[32] 何维民，苏义民."体育"概念的梳理及匡正[J].武汉体育学院学报，2011(3)：5~10.